# 信息时代
# 企业财务风险管理与控制研究

曹华天　著

中国商业出版社

**图书在版编目（CIP）数据**

信息时代企业财务风险管理与控制研究 / 曹华天著. 北京 : 中国商业出版社，2024. 12. -- ISBN 978-7 -5208-3262-5

Ⅰ. F275

中国国家版本馆CIP数据核字第2024QS0125号

责任编辑：陈　皓

策划编辑：常　松

中国商业出版社出版发行

（www.zgsycb.com 100053 北京广安门内报国寺1号）

总编室：010-63180647　编辑室：010-83114579

发行部：010-83120835/8286

新华书店经销

定州启航印刷有限公司印刷

＊

710毫米×1000毫米　16开　15.75印张　220千字

2024年12月第1版　2024年12月第1次印刷

定价：78.00元

＊　＊　＊　＊

（如有印装质量问题可更换）

在全球化与信息化迅速发展的今天，企业面临的财务风险日益复杂，管理这些风险的策略也必须与时俱进。信息技术的进步，特别是人工智能、云计算和区块链等技术的应用，正在改变企业财务管理的方方面面。本书旨在为企业管理者提供一种全面、系统的财务风险管理和控制方法。当前，企业在全球范围内的运营越来越依赖高效、安全的信息系统，而这些系统本身的安全性及其生成数据的准确性直接关系企业财务健康和持续发展的能力。因此，本书在探索和解答如何在这一新常态下，有效地评估、管理和控制财务风险。

随着技术的发展，企业的财务管理不再局限于传统的账目处理和财务报表分析。现代企业需要适应数字化转型，利用先进技术来增强对财务风险管理的预见性、策略性并提高效率。本书共分八章，系统阐述了信息时代下企业财务风险管理的各个方面：第一章阐述了企业财务管理的内涵与内容，探讨了企业财务管理的目标和原则，并对企业财务管理的各种研究方法进行了系统的分析。第二章总结了信息时代企业财务风险概述，从风险的基本定义到具体的财务风险类型，再到风险管理的目标设定，全面展示了企业如何识别、分析并应对财务风险。第三章专注于企业投资风险管理，详细讨论了项目投资、风险投资、证券投资及外汇投资等方面的风险管理策略。第四章探析了企业成本风险管理，包含成本风险简述、成本信息扭曲的风险及其管理、成本失控的风险及其管理。第五章解析了企业预算风险管理，详述了预算编制、预算执行和预算考核的风险及其管理。第六章详细介绍了企业财务风险的控制，包括企业财务风险控制的原则、内容和目标，企业财务风险控制框架的构建，企业不同财务风险的处理与控制，以及企业内部控制审计。第七章探讨了财务风险预警与防范，分析了信息时代企业财务风险预警系统的构成和运作，以及如何在企业中实施有效的风险防范措施。第八章着眼于新技术在财务风险管理中的应用，特别是机器学习技术、大数据技术和区块链技术是如何革新传统的企业财务管理模式的。

由于作者时间、水平有限，书中难免存在不足之处，恳请广大读者批评指正，以便我们在未来的研究中不断完善和改进。

# 目 录

# 第一章　企业财务管理认知

## 第一节　企业财务管理的内涵与内容

### 一、企业财务管理的内涵

财务管理作为企业运营不可或缺的一环，涉及资金的调配和经济利益的最大化。在广义上，财务管理不仅是资金的管理和调度，还包括资金运动所映射的深层经济关系。在多种经济组织如企业、政府机关及事业单位中，财务管理的实践被证明是增强组织效能的关键。

在西方，虽然直接定义企业财务管理的学者不多，但可以通过研究广泛使用的教材来获取关于其基本职能的见解。例如，范霍恩（Van Home）在其《财务管理与政策》中探讨了企业在投资和筹资活动中的决策过程，同时提到了流动资产管理和企业合并、重组等策略。布里格姆（Brigham）在《中级财务管理》中进一步扩展了这些观点，加入了企业风险管理的讨论。此外，韦斯顿（Weston）的《管理财务学》和罗斯（Rose）的《财务管理基础》分别强调了财务管理在企业战略中的作用，如财务分析、计划和决策的重要性。

现代企业财务管理的发展见证了理论与实践的融合。管理者不仅需要关注传统的资金管理和财务决策，还必须应对由全球化、技术进步和市场变化带来的新挑战。这要求他们在确保财务稳健的同时，灵活运用财务工具和策略来支持企业的长远发展。

综观相关专家与学者的研究和论述可以发现，他们对财务管理的核心内容和职能有广泛的共识。主流观点倾向于将筹资、投资以及日常资金管理作为财务管理的核心领域，同时，财务计划、财务分析及预测等手段支持这些核心活动。此外，特定的管理议题，如破产、企业合并、收购与重组等，也被视为重要的补充内容。

随着研究的深入和实践的积累，国内学术界对财务管理的理解和认识逐渐形成共识。多数学者认为，企业财务的本质涉及企业资金的流入与流出及其所反映的经济利益关系。这种资金流动是财务活动的展现，体现了财务关系的内涵。因此，财务管理被定义为一个通过组织财务活动、处理财务关系来创造企业经济效益的管理过程。具体来说，财务管理的职能不局限于资金的筹集和使用，还包括通过财务策略和操作优化企业的资金结构和经济性能。这种管理活动涉及广泛的决策层面，从日常运营的资金调度到长远战略的财务规划，都是财务管理不可或缺的部分。在实际操作中，财务管理还需要应对各种经济环境的变化，因此，可以利用财务分析工具来预测和应对潜在的市场风险。

## 二、企业财务管理的内容

企业财务管理本质上是对企业在生产和经营过程中所发生的财务活动及相应的财务关系的系统管理。

### （一）企业财务活动

企业财务活动主要涉及资金的流入和流出，这些活动是企业运作资金的总称。在市场经济环境下，企业必须持有一定量的流动资金以支持其生产和经营活动。所有的物资都拥有其价值，这一价值反映了物资生产过程中消耗的社会必要劳动量。在社会再生产过程中，物资价值的货币化表现便是资金。在企业的日常运营中，物资的购进和销售活动与资金的支出和回流密切相关。随着企业经营活动的持续，资金的收支活动也在不断发生，这构成了企业的财务活动。这些活动不仅包括资金的筹集和投入，还涵盖资金的有效使用及利润的分配等多个方面。企业资金的流动过程如图 1-1 所示。

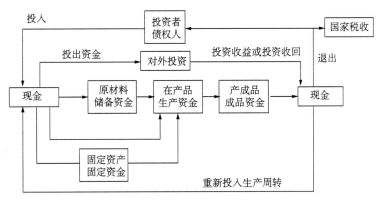

图 1-1　企业资金的流动过程

企业财务活动可分为以下四个方面。

（1）企业筹资引起的财务活动——筹资活动。企业筹资活动是财务管理的基础环节，涉及资金的有效筹集与合理使用。在进行经营活动前，公司需要确定筹资的方式、时间及金额。常见的筹资途径包括吸收直接投资、发行股票和债券，这些活动带来的资金流入是企业运作的动力。企业为筹资而产生的支出，如支付股利、利息、债务偿还及相关费用，也是财务活动的重要组成部分。

在筹资策略的选择中，财务人员需综合考虑多种因素，如对于资金需求的预测，决定采取股权融资还是债务融资，以及这两种融资在总资金中的占比。对资金需求的预测需要精准评估以保证筹资的效率和合理性。例如，选择从银行借款或是通过发行债券来筹集资金，需要综合考虑资金成本、期限和偿付方式等多个维度进行决策。此外，筹资的时机和条件也需精心安排，确保筹集到的资金能够满足企业的经营和投资需求，同时控制筹资风险，防止因外部环境变化导致企业财务困境。

财务团队在筹资过程中，应持续评估市场条件和企业内部的资金需求，灵活调整筹资策略以适应不断变化的经济环境。有效的筹资不仅支撑了企业的持续运营，还保障了企业面对不确定因素时的财务安全。因此，筹资活动并不仅仅是资金的筹集过程，更是企业财务战略的关键组成部分，关乎企业的市场地位的稳固和长远发展。

（2）企业投资引起的财务活动——投资活动。企业投资活动是利用筹集来的资金以扩大生产经营范围和增加企业价值的重要方式。企业通过对内投资购置固定资产和无形资产，以支持日常运营和扩展业务，同时通过对外投资购买其他企业的股票和债券，或参与联营和收购活动，以实现资本增值和风险分散。无论是对内还是对外投资，资金的支出和后续的资金回流都构成了企业投资引起的财务活动，这些活动直接关系企业的财务健康和市场竞争力。

在进行投资决策时，由于资金有限，企业必须精心选择能够带来更大经济效益的项目。投资的回报通常需要一定的时间来实现，因此评估投资效果时，除了考虑资金的流入和流出，还需估算投资回收的时间。显然，企业期望投资回报越快越好，这不仅可以增强企业的资金周转能力，还能及时反馈投资效果，支持进一步的财务决策。此外，投资活动伴随着不同程度的风险，包括市场波动、经济环境变化或项目本身的失败。因此，财务人员需要通过精确的风险评估方法来量化这些不确定因素，包括对潜在投资的彻底分析，从而作出继续投资、撤资或是组合多种方案的决策。通过投资活动，企业不仅能够优化投资组合，还能有效管理和减少潜在风险，确保资金的安全和增值。

（3）企业经营引起的财务活动——营运资金活动。企业的日常经营活动不断引发资金的流入和流出，构成了核心财务活动。在这一过程中，企业需要购买原材料或商品进行生产与销售，涉及支付供应商的款项以及员工工资和其他运营成本的支出。当产品或服务被市场接受，销售收入的实现则带来资金的回流。此外，为了保障企业运营的连续性，当现有资金不足以支持生产经营时，企业可能需要通过短期借款来补充流动资金。流动资金的高效周转对企业尤为关键，它能够确保企业在不增加外部资金投入的情况下，通过优化资金流动来增加生产量和销售额。有效的资金管理不仅可以提高资金的使用效率，还可能通过缩短生产和销售周期，加快收回投资，从而提高企业整体的财务表现。

在实际操作中，财务人员需密切监控资金流动的每一个环节，因为从采购、生产到销售，每一步都可能影响资金的周转速度。例如，选择合适的供应商和合理的库存管理策略可以减少资金的占用。同时，优化应收账款管理和加快回款速度也是提高资金流动性的关键。此外，对于短期借款的利用，需要精确计算成本和收益，确保借款能够为企业带来额外的经济利益，而不是单纯的负担。因此，企业在日常经营中，不仅要关注产品和市场的表现，还要通过科学的财务管理来确保资金的有效流动，包括定期进行财务分析、预测资金需求，并制定相应的财务策略，以适应市场变化和经营需求。

（4）企业利润分配引起的财务活动——利润分配活动。企业利润分配活动是一个关键的财务管理环节，涉及企业如何处理和分配经营活动及投资活动所得的利润。企业在盈利后，须依据法律法规先行纳税，随后按照公司政策用于弥补以前的亏损，提取盈余公积金，并向股东派发股利。这一系列操作体现了企业对内外资金流动和增值的管理。

在确定股利支付率时，财务人员面临如何平衡利润再投资与满足股东期望的问题。股利支付率的设定直接影响企业的资金循环及其扩展能力。若支付率过高，则可能导致资金短缺，影响企业的成长；若支付率过低，可能会影响投资者信心，对于上市公司来说，还可能引起股价波动。因此，企业需要综合考虑财务状况、市场条件、未来投资需求及股东期望，制定一个合理的股利分配政策。合理的利润分配能够确保企业持续稳定地发展，同时维护股东的利益，促进股东与企业间的良性互动。在全球化和市场竞争日益激烈的环境下，企业更需通过灵活的利润分配机制来优化资源配置，增强企业的市场竞争力和风险抵御能力。

### （二）企业财务关系

企业财务关系涵盖了其在财务活动过程中与各方建立的经济联系，这些关系影响企业的资金流向和经济决策，包括但不限于筹资、投资、经营及利润分配等活动，涵盖了企业的内部、外部多个层面。

企业与所有者之间的财务关系是企业经济活动的基础。所有者，可能是国家、法人、自然人等，为企业提供必要的资金支持，形成企业的资本结构。企业利用这些资本进行经营活动，并根据盈利状况向所有者分配利润。这种关系展现了所有权的核心属性，并揭示了经营权与所有权之间的联系。

企业与债权人之间的财务关系主要涉及企业为了降低经营成本或扩展经营规模而进行的借贷行为。企业从贷款机构或其他金融机构借入资金，承诺按期支付利息并最终偿还本金，这种借贷关系体现了债务与债权的经济基础。

在对外投资方面，企业作为投资者与被投资单位之间建立的财务关系，通过购买股票或直接投资等方式，将资金投向有发展潜力的其他企业。通过这种方式，企业不仅履行了出资责任，还能获得被投资单位的部分利润，实现了基于所有权的资金流动和利益共享。

企业与债务人之间的关系是企业将资金以购买债券、提供贷款等形式出借给其他单位建立的财务联系。企业作为债权人，要求债务人根据约定条件定期偿还利息和本金，这种关系从根本上讲是债权与债务的经济体现。

在企业内部，各单位在生产和经营的不同环节中相互提供产品和服务，通过内部责任核算体系进行资金的结算。这种内部资金流动关系反映了各单位间的相互依赖性和利益分配，是企业内部财务管理的重要组成部分。

企业与职工之间的财务关系则体现在劳动报酬的支付上。企业根据职工的劳动投入支付相应的工资、津贴和奖金等，这种支付关系是企业对职工劳动成果的经济补偿，展现了劳动与报酬之间的经济互动。

企业与税务机关的财务关系表现为依法纳税的责任。企业按照国家税法的规定缴纳税款，不仅体现了企业履行社会责任，还保证了国家财政收入的稳定。这种按法律规定纳税的行为，突出了税收征管的法治原则和企业的经济责任。

总体来看，企业的财务关系网较为复杂，涉及多方面的经济活动和众多利益相关者。有效管理这些财务关系对于保证企业健康、稳定、可持续的经营至关重要，同时是企业实现长远发展的关键。

## 第二节 企业财务管理的目标与原则

### 一、企业财务管理目标

在现代企业管理中，财务管理目标的设定不仅服务于企业的整体战略目标，而且是企业财务活动能够有序开展的基础。具体而言，一个科学且合理的财务管理目标体系能够为企业提供明确的运营方向，保障各项财务操作的有效性和效率。在市场经济体制下，企业应依据自身的实际状况及外部环境，精准设定财务管理目标。

企业在制定财务管理目标时，需要充分考虑外部环境的制约因素，其中资本市场的发展程度是不可忽视的重要因素。现代企业结构中普遍存在所有权与经营权分离现象，加之信息不对称，均给财务管理目标的确定和实施带来了难度。因此，企业需探索在信息不对称条件下如何制定和调整合理的财务管理目标，以适应复杂多变的经济环境，确保企业能够持续健康地发展。

## （一）企业财务管理目标的特征

### 1.层次递进性

企业财务管理的目标不是静态的，而是根据企业规模扩展和发展周期的转变而持续演变的，有明显的阶段性和递进性。随着经济环境和市场条件的变化，企业需在各个阶段适时地调整财务管理目标的方向和焦点，确保其科学性和合理性得到不断强化。

### 2.对企业目标的依从性

企业财务管理目标在确保与企业总体战略目标的一致性中起到了桥梁作用。无论是在追求长期生存还是促进持续发展方面，财务管理目标都必须与企业的总体目标相依存。这种依从性确保了财务管理活动能够有效支持企业策略的实施，使得每一步决策都能为企业带来实质性的长远利益。

### 3.相对稳定性

财务管理目标的稳定性对于企业的顺畅运作至关重要。在不断变化的市场环境中，虽然适应性调整是必要的，但过度频繁的目标变更可能导致管理混乱，影响企业财务活动的正常执行和效率。因此，虽然财务管理目标在不同阶段需要调整以适应新的发展需求，但其核心指向和基本原则应保持一定的连续性和稳定性，以便为企业的长期战略提供有力的支持。

### 4.可操作性

财务管理目标的可操作性也是其有效性的关键。目标的具体可行性不仅影响理论的实际应用，更关乎其在实务操作中的实施效果。一个明确且操作简便的财务管理目标能够更好地指导企业在复杂多变的商业环境中做出准确的财务决策，从而更高效地推动企业资源的优化配置和财务健康的维持。

### （二）企业财务管理目标的具体类型

1.追求利润最大化

在企业的财务管理体系中，追求利润最大化是一种基本而核心的目标类型。企业的根本宗旨在于创造财富，因此将利润最大化作为主要目标，符合企业成立的初衷。对于投资者和各种利益相关者来说，高额利润不仅意味着更大的经济回报，而且代表了企业在激烈的市场竞争中的强大生存和发展能力。更高的利润代表了企业经营管理的成功，也增强了企业的抗风险能力。此外，利润的增长既反映了企业财务状况的改善，也是企业贡献社会财富的直接体现。从这个角度看，企业的盈利能力增强，不仅推动了自身的发展，而且促进了社会经济的进步和繁荣。因此，追求利润最大化既是企业财务管理的重要目标，也是其在市场经济中履行社会职责的表现。

2.追求企业价值最大化

追求企业价值最大化是一种全面且长期的财务管理目标。这一目标强调通过采纳最优财务策略、合理经营管理，以及充分利用财务管理的功能来推动企业持续且稳定发展。企业价值最大化既反映了股东对企业的期望，也体现了外部市场对企业的整体评价。将企业价值最大化作为目标，能使企业在其生产经营和财务活动中具备更宽广的视野和更深远的影响力。它将企业的短期财务目标与社会经济发展目标有效结合，从而促进企业在全局性和战略性层面上的发展。

3.追求股东财富最大化

股东财富最大化作为现代股份企业的管理目标，强调企业由多个处于竞争与合作关系中的股东组成，并依据契约关系维系。股东将资本投入企业并承担相应风险，以期获得更大的经济回报。尽管股东间可能存在利益的差异与对抗，使得统一的财务管理目标难以形成，但股东作为主要的资本投入者，股东利益的最大化不仅是其个人的期望，还在事实上保障了其他利益相关者的权益。因此，财务管理的决策应以股东财富最大化为核心目标。

4.追求企业可持续发展能力最大化

企业追求可持续发展能力的最大化，意味着财务管理需要更加重视对人力资本的投资，而非仅仅关注短期的物质收益。这一目标不仅追求经济利益的增长，更侧重于通过深入挖掘和利用人力资源来增强企业的长期竞争力，涵盖提高潜在的盈利能力、改善员工的生活质量、对社会环境产生积极影响及优化资源配置等多方面。

（三）企业财务管理目标的设定

根据现代企业理论，企业构成了包含股东、债权人、管理层、职工等多方的契约网络。在这一框架下，各方均为企业发展不可或缺的利益相关者。单一追求股东财富最大化的财务管理目标可能导致对其他相关方利益的忽视甚至损害。实际上，企业财富的增长通常能够较好地满足所有相关方的利益，并且各方的有效合作也有助于进一步提高企业的整体价值。这种相互作用能够促进一个健康的财务管理循环，进而实现企业的长期发展。因此，为了促进企业的全面和健康成长，企业在设定财务管理目标时，应努力协调和平衡各相关方的利益，追求整体利益、相关者的利益最大化。在确定财务管理目标体系时，企业还应考虑到财务管理目标的导向功能，并关注如何通过目标设定有效地引导和激励所有利益相关方，共同推动企业向着既定目标前进。设定企业财务管理目标时需要注意以下几点。

（1）财务管理目标应有助于促进企业的发展。企业财务管理目标的制定旨在支持企业的整体发展战略，同时帮助企业在激烈的市场竞争中持续生存、获利并发展。为了实现这些目标，企业必须合理地控制成本和费用，提高企业收入水平，并积极管理潜在的风险，确保日常经营活动的顺利进行。随着企业所处的内外部环境的变化，财务管理目标也需要相应地做出动态的调整，以确保与企业发展目标的一致性和时效性。

（2）设定清晰的财务管理目标及其层级结构。在制定企业财务管理目标时，应明确区分总体目标和各个子目标。财务管理的主要目标通常是优化利益相关者的利益，基于这一核心目标，进一步拆解为各个发展阶段的具体目标，从而展示目标间的层次性和发展性。例如，在企业的创立阶段，财务管理的核心可能在于优化资本结构，以确保企业发展的资金需求得到满足，并执行有效的投资分析与决策过程。

（3）综合衡量财务管理的近期目标和长远目标。财务管理目标体系应注重近期目标与长远目标的平衡。长远目标为企业的持续健康发展提供了方向和动力，如维护企业的长期财务稳定和增强市场竞争力。而近期目标则侧重于解决企业当前面临的具体财务问题，如降低财务风险、加强成本控制及提高投资回报率等。近期目标与长远目标的确定不仅依据企业发展阶段的需求，还应考虑财务活动的具体特征。

## 二、企业财务管理的原则

财务管理是企业运营和发展中的关键环节，企业要想持续健康地发展，必须给予财务管理以足够的重视，并通过充分发挥财务部门的职能，寻找一条科学可持续的发展路径。在现代企业运营中，财务管理本质上是关于资金和价值的流动与管理。包括资金的筹集、运用和分配，通过有效的资本运作增强企业的整体价值并维护其综合效益。财务管理的核心目标是实现企业利润最大化，保障股东财富的增长，并推动企业价值持续提高。同时，财务管理也致力降低与资金相关的风险，确保企业能够在市场竞争中持续且健康地发展。根据财务管理的内容，企业财务管理应遵循以下原则。

### （一）系统原则

系统原则强调在财务管理中应采取整体考虑和系统思维。这要求管理者不仅要关注财务管理的单一环节，还应从企业的整体发展需求出发，进行综合性分析和规划。在此基础上，围绕企业的财务管理目标，实施和优化各项财务操作和策略，以确保财务管理活动能够全面支持企业策略的实现。

### （二）弹性原则

在不断变化的经济环境中，财务管理的弹性原则变得尤为重要。这一原则要求企业的财务管理必须具备适应性和灵活性，以便有效应对市场的不确定性和风险。通过灵活调整财务策略和计划，企业可以更快速地响应外部环境的变化，如市场需求的波动、政策调整或经济周期的变动。弹性原则支持企业在保持稳定性的同时，采取积极的措施来优化资源分配，降低成本，并提高财务效率，从而在激烈的市场竞争中保持竞争力。

### （三）货币时间价值原则

货币时间价值原则基于一个核心的经济理念：一定量的货币在今天的价值高于未来的任何时间点。这是因为现有的资金可以立即投资于生产活动或其他金融工具中，创造出额外的价值。在现代市场经济中，企业在进行财务规划和决策时必须考虑货币的时间价值，合理安排资金的使用时间和方式。例如，企业在决定投资项目时，会通过贴现率将未来的现金流折现到当前，以评估项目的真实价值和潜在回报。同样，在资本预算、贷款偿还，或者其他长期财务规划中，企业也必须计算和比较不同时间点的资金成本和收益，确保投资回报最大化。

### （四）资金合理配置原则

资金的合理配置原则要求企业在筹集、使用和分配资金时，必须确保每一笔资金都能够产生更大的效益。这一原则关系企业的整体经营效率和长期稳定性。企业必须根据自身的经营战略和市场状况，科学决策资金的投入方向和规模，如决定将资金投向研发、市场扩张、债务管理或者是紧急资金储备等。科学的资金配置能够确保企业在面对市场波动或经济不确定性时，保持充足的资金流，同时又能捕捉到成长和扩展的机会。

### （五）收支平衡原则

在企业的经营过程中，维持收支平衡是财务管理的基本原则之一。这一原则要求企业在确立收支平衡点后，根据复杂市场环境的变化采取适当的财务策略，以保持财务系统的稳定性和可靠性。财务管理需重视建立一个健全的收支平衡和风险预警系统，在此基础上，企业应当根据财务指标的实际偏离情况，制订并实施修正方案，合理调整财务管理策略，以支持企业经营战略的调整和优化，为实现企业的长期发展目标打下坚实的基础。

### （六）成本－效益－风险权衡原则

在现代市场经济的背景下，成本、效益与风险是相互关联的关键因素，它们共同影响着企业的经济表现和运营风险。现实中，大多数企业致力于通过低成本和低风险的策略实现高效益，但这三者之间必须达到一种平衡，才能有效实现企业的财务管理目标。在实际操作中，企业应以固定条件为基础，优化资源配置，并根据当前的风险状况调整成本结构以提高效益；或者在确保一定收益的前提下，通过成本和风险控制来推动企业的持续发展。

综上所述，企业在可持续发展的过程中，必须实施科学的财务管理，并深刻理解其特殊性，需要在清晰理解财务管理的本质特征的基础上，坚持财务管理的基本原则，重点实施并优化财务操作。这将大大提升企业的财务管理水平，增强其市场竞争力，帮助企业更好地适应市场环境，从而实现稳定而有序的发展。

## 第三节  企业财务管理的研究方法

### 一、SWOT 分析法

SWOT 分析法是一种广泛应用于战略规划的分析工具，它通过综合评估企业内部条件与外部环境的交互作用来挑选更合适的经营战略。SWOT 分析法将企业内部的优势（Strengths）和劣势（Weaknesses）以及外部环境的机会（Opportunities）和威胁（Threats）作为评估的四个主要维度，强调企业的独特能力应与行业竞争要求紧密结合。在实践中，优势和劣势的分析侧重于企业自身能力与竞争对手的比较，而机会和威胁的分析则侧重于市场和行业环境的变化。

通过深入分析这些因素，SWOT 分析法不仅揭示了企业在当前市场中的优劣势，而且提供了实现竞争优势的战略选择。科特勒（Kotler）对传统的 SWOT 分析法进行了改进，引入了机遇与威胁矩阵，进一步强调了分析机遇和威胁发生的可能性及其对企业经营业绩的潜在影响。这种修正增强了 SWOT 分析法的实用性和前瞻性，使管理者可以根据预测结果优先处理影响企业的关键因素。

SWOT 分析法的核心在于策略的"匹配"，它设计了四种基本策略类型——SO 战略、WO 战略、ST 战略和 WT 战略，来应对不同的挑战。其中，SO 战略着力于利用企业的内部优势捕捉外部机会，WO 战略旨在通过外部机会来补充内部劣势，ST 战略利用企业优势来减轻外部威胁，而 WT 战略则集中于减少内部劣势以避免外部威胁。在具体应用中，企业通常先通过实施 WO 战略、ST 战略或 WT 战略来改善自身条件，从而为实施 SO 战略创造有利条件。

### （一）确认企业当前执行的战略

在战略管理过程中，首要步骤是明确企业目前所执行的战略内容，这涉及使用各种方法对现行战略进行系统评估。定性分析方法关注战略的完整性、可行性和适应性，考察战略是否全面覆盖了企业的关键运营领域，是否可行以及是否能够适应外部环境的变化。定量分析方法则着眼于通过最近的战略业绩和财务数据来评估战略的效果。定性分析和定量分析帮助揭示战略在实际执行中的成效，包括盈利能力、市场份额的变化、成本管理和投资回报率等关键财务指标。通过评估，管理者可以判断现行战略是否仍适合当前市场条件或是否需要调整。优良的业绩通常表明战略调整的必要性较小，而如果企业经营表现不佳，那就意味着企业可能需要进行重大的战略调整以应对市场和竞争的挑战。

### （二）确认企业内部的优势和劣势

对企业内部优势和劣势的识别是战略规划的核心部分，它要求对企业的资源和能力进行深入分析。优势可能来源于企业在某些关键领域的独特能力，如拥有先进的技术、独特的生产方法、经验丰富的员工队伍、高质量的产品控制或者忠诚度高的客户基础。这些优势可以增强企业竞争力，提高企业的市场地位。然而，劣势可能也存在，通常与企业在关键技术或市场领域缺乏竞争力有关，如技术过时、缺乏创新能力、财务资源有限或在关键市场的影响力下降。识别这些劣势对于制定改进措施和战略调整至关重要，以免某些短板影响企业的整体竞争力。

### （三）确定企业的核心竞争力与资源的竞争价值

核心竞争力代表了企业在市场中的真正优势和关键资源。企业的管理团队应当专注于发掘和最大化核心竞争力，将战略重心放在公司最擅长的领域，而非那些缺乏明确能力的区域。虽然企业可能拥有独特的能力和其他具有竞争价值的资源，但是这些资源的价值可能会随时间变化而递减。因此，不断构建和维护一个坚实的资源基础，保持并加强这些独特能力的竞争优势，始终是企业追求的关键目标。

### （四）把握企业外部环境变化，注意可能出现的机会和威胁

在评估企业面临的外部机会时，企业管理者应明确区分行业机会与企业个别机会，关键在于采取措施获取当前尚未拥有的资源能力，以此增加更多的机会，并确保这些新机会能与企业现有或可获取的财务与组织资源能力相匹配。外部环境带来的潜在威胁同样不容忽视，管理者需要准确识别可能危及企业利益的各种威胁，对其进行详细评估，并在制定战略时考虑如何有效减轻这些威胁可能带来的不利影响。

SWOT 分析法提供了一种简明的企业战略能力评估工具，但也存在一定的局限性。SWOT 分析法较为直观且在很大程度上依赖于分析者的经验和直觉，对分析者的专业能力有较高要求。在进行 SWOT 分析时，外部环境的机会与威胁通常由多个不一致的关键指标综合评估组合而成，这些指标的好坏往往无法一致反映。类似地，企业内部的优势与劣势也是由多个因素组合而成，这些因素展现的市场份额和财务实力可能并不完全一致。因此，尽管 SWOT 分析法可以提供关于企业战略能力的初步定位，但仅凭此方法得出的结果难以准确判断企业面临的外部环境机会（或风险）及内部条件的优势（或劣势）主要是由哪些具体因素决定的。

## 二、增长—份额矩阵分析法

增长—份额矩阵分析法是一种关键的战略能力分析工具，专门用于评估一个公司业务组合的互补性和整体表现，这种方法将企业的所有产品或服务作为一个集合来分析，探究各个业务单元之间的现金流量平衡。通过这种分析，企业可以识别哪些业务单元是资源的主要生成者，以及这些资源应如何被最有效地利用。

增长—份额矩阵的开发可以追溯到20世纪50年代由安索夫（Ansoff）提出的成长矢量要素矩阵，其本质上是一个战略匹配工具，其中产品维度反映了企业内部因素，而市场维度则反映了企业的经营环境。该矩阵的主要优势在于它将企业的全部产品或业务组合视为一个整体，从而更系统地分析整个企业的现金流和市场动态。通过应用增长—份额矩阵，企业能够评估各业务单元在市场中的相对份额及行业增长速度，这有助于管理者理解各业务单元的市场地位和行业吸引力。此外，增长—份额矩阵分析法还能指导企业如何优化资源分配，确保资源在产生最大经济效益的业务单元中得到有效使用。这不仅有助于企业内部资源的合理配置，还能促使企业在激烈的市场竞争中保持优势。

如图1-2所示，增长—份额矩阵中的横轴衡量的是企业在特定产业中的相对市场份额，即一个企业在特定业务领域的市场份额与市场领导者份额的比例。这个比例显示了企业在市场中的竞争力。相对市场份额以1.0为界，分为高份额与低份额。纵轴则显示市场增长率，它基于企业所处行业的市场销售额在过去两年的增长百分比，用来衡量各个经营领域的市场吸引力，其中，10%的增长率是判断市场增长快慢的分界线。矩阵的纵横坐标交汇点代表企业的某个业务或产品，表示该业务或产品的圆圈面积则体现了它在企业总收益中的比例。依据这个矩阵，企业的业务可以被定位于四个不同的区域：处于高增长和高市场份额区域的"明星"业务，高增长但低市场份额的"问题"业务，低增长但高市场份额的"现金牛"业务，低增长且市场份额小的"瘦狗"业务。这种划分帮助企业识别各业务单位的战略位置，从而作出相应的战略决策，优化资源分配。

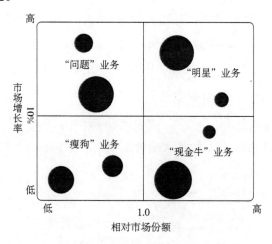

图 1-2　增长—份额矩阵

　　增长—份额矩阵的优点在于，它能够将企业的不同业务部门集成在一个视图中，明确展示各个单位在市场竞争中的位置。不仅帮助各经营单位明确自己在母公司中的角色和潜在的战略方向，还促进了业务部门与企业高层之间的交流，便于及时调整企业的业务投资结构。然而，增长—份额矩阵也存在一些局限性。该矩阵仅用市场增长率和企业相对市场份额这两个简单指标来评估行业吸引力和企业竞争力，不能全面反映实际情况。此外，这两个指标的确立本身存在难题；该矩阵还忽略了深入的战略思考，且过分依赖于产业成长速度和市场份额的历史数据。矩阵中的一个隐含假设是"市场份额与投资回报成正比"，而这在某些情况下可能并不适用，或者说过于简化了复杂的市场现实。在实际应用中，合理运用这一策略框架，对企业各部门提出不同的目标和要求，这种转变往往是一个复杂且困难的过程。

### 三、战略地位和行动评估矩阵

战略地位和行动评估矩阵（Strategic Position and Action Evaluation Matrix, SPACE）是一种分析企业战略地位的工具，它对两个内部因素和两个外部因素进行综合评估。具体来说，内部因素包括财务优势（FS）和竞争优势（CA），外部因素则包括环境稳定性（ES）和产业优势（IS）。

在进行 SPACE 矩阵分析的过程中，首先需要确定各坐标轴上的关键要素，一般推荐选择 6～8 个要素。例如，财务优势则考量投资收益、杠杆比率、偿债能力、流动资金、业务风险、退出市场的方便性等；竞争优势涵盖市场份额、产品质量、产品生命周期、用户忠诚度、竞争能力利用率、专有技术知识、对供应商和经销商的控制等；环境稳定性可能涉及技术变化、通货膨胀、需求变化性、竞争产品的价格范围、市场进入壁垒、竞争压力、价格需求弹性等方面；产业优势的关键要素可能包括行业的增长潜力、盈利能力、财务稳定性、专有技术知识、资源利用、资本密集性、进入市场的便利性、生产效率和生产能力利用率等，见表 1-1。接下来，分析人员在四维坐标上进行标记，范围从 6至 -6，如图 1-3 所示。其中，产业优势和财务优势在坐标上的标记范围为 0 至 6，表示这些要素状况优良；环境稳定性和竞争优势在坐标上的标记范围为 -6 至 0，表示这些要素状况不利。每个要素都需要根据实际情况进行评定，将其放在适当的刻度上。这一评分反映了每个要素的当前状态：产业实力和财务实力上的高分表明条件优越，而环境稳定性和竞争优势上的低分则表明存在挑战。最后，通过对各要素按其重要性进行加权，计算出各坐标轴的代数和，从而确定企业的战略地位。根据 SPACE 矩阵分析的结果，企业被定位为进攻型、竞争型、保守型或防御型，每种类型对应不同的战略行动方向。

表 1-1　SPACE 矩阵的轴线变量

| 内部战略 | 财务优势（FS） | 1. 投资收益<br>2. 杠杆比率<br>3. 偿债能力<br>4. 流动资金<br>5. 业务风险<br>6. 退出市场的方便性 |
| --- | --- | --- |
| | 竞争优势（CA） | 1. 市场份额<br>2. 产品质量<br>3. 产品生命周期<br>4. 用户忠诚度<br>5. 竞争能力利用率<br>6. 专有技术知识<br>7. 对供应商和经销商的控制 |
| 外部战略 | 环境稳定性（ES） | 1. 技术变化<br>2. 通货膨胀<br>3. 需求变化性<br>4. 竞争产品的价格范围<br>5. 市场进入壁垒<br>6. 竞争压力<br>7. 价格需求弹性 |
| | 产业优势（IS） | 1. 增长潜力<br>2. 盈利能力<br>3. 财务稳定性<br>4. 专有技术知识<br>5. 资源利用<br>6. 资本密集性<br>7. 进入市场的便利性<br>8. 生产效率和生产能力利用率 |

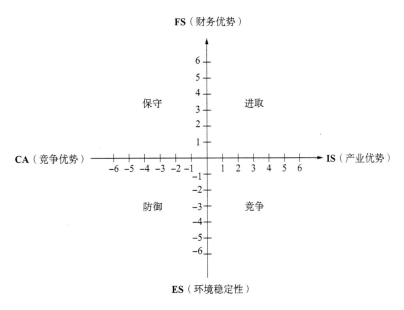

图 1-3　战略地位和行动评估矩阵（SPACE）

SPACE 矩阵分析法有多种可能组合，增加了分析的复杂程度。

## 四、归纳方法

归纳法的核心在于从大量实际数据与具体案例中提炼具有普遍意义的结论。归纳法包含实证统计法与案例分析法。借助实证统计法，可以收集并整理企业财务运营过程中的多维数据，采用定量分析手段找出各变量之间的相关程度与趋势，进而厘清影响企业财务决策与绩效的关键因素。案例分析则强调对真实企业情境的深层次研判，以典型事件、经营战略、风险应对等为切入点，从多角度挖掘财务管理实践中存在的问题与成效。两种方法的融合促使研究者在量化结论与质性洞察之间取得平衡，既能把握普遍规律，又兼顾具体情境差异，对优化融资结构、加强风险管控、提升资本运作效率等多方面工作有实用启示。透过扎实的数据证据与细致的案例探讨，企业财务管理的内在逻辑与外部影响因素得以被系统梳理，从而为后续战略决策和管理革新奠定可靠依据。

## 五、类比方法

类比方法在战略理论研究中被频繁使用，可以通过将企业或其问题类比为其他已知对象或现象，揭示深层次的相似性和差异。例如，适应学派将企业比作生物种群，采用与进化论类似的逻辑来解释企业的生存与发展。此外，类比方法在组织结构理论中也颇为常见，许多理论家将企业的组织结构类比于其他系统（如计算机网络或社会结构）来分析其效率和效果。

# 第二章　信息时代企业财务风险概述

## 第一节　风险与企业财务风险

### 一、风险的概念

风险是一种客观存在的现象，其核心属性是不确定性，且通常指那些人们主观上不希望发生的事件。有观点认为在特定情境和时间内，风险源于潜在结果之间的差异。当只存在一种结果时，差异消失，风险亦随之消失；若存在多种可能的结果，风险便存在，且结果的差异越大，风险越高。此外，风险的不确定性包含双重性，即结果既可能是积极的，也可能是消极的。

风险是未来不确定性对企业实现其经营目标的影响，或将风险定义为不确定性对目标的影响，在这个定义中，影响被理解为实际结果与期望结果的偏差，可能包括积极的或消极的影响，甚至两者兼有。目标可以具有多个方面（如财务、健康安全和环境目标）并在不同层次上体现（如战略、组织结构、项目、产品和过程）。风险通常通过潜在事件及其后果，或这些因素的组合来描述。不确定性则是指对事件及其后果或可能性的认识，或理解不足，或信息不完整的状态。

从上述定义中可以从多个维度理解企业风险。第一，风险与企业战略紧密相关，不同的企业战略面临不同的风险；第二，风险具有双重性，既有不利方面，也可能带来利益，因此风险常常与机会并存；第三，风险具有相对性，这取决于企业应对风险的能力；第四，风险是一系列可能发生的结果，它可能不发生，也不是唯一的结果；第五，风险同时具有客观性和主观性的特点。

## 二、风险的特征

风险的多样化定义和理解赋予其多种特征。这些特征包括不确定性、客观性、相对性、动态性、普遍性、偶然性及必然性。其中，不确定性被视为风险的核心特征。

### （一）风险具有不确定性

企业运作于一个不断变化、颇具多样性和复杂性的环境中，这使得它们必须面对多方面的不确定性。这种不确定性涵盖了风险事件发生的可能性、具体发生时间与地点，以及由此可能引起的各种后果。例如，在交通运输领域，尽管采取了各种安全措施，交通事故的发生时间、地点，以及事故造成的损失和伤害仍然难以具体预测。而对于企业来说，市场波动、技术故障等都会给企业带来意料之外的挑战。

### （二）风险具有客观性

风险的客观性表明，它们存在于个人意志和主观判断之外，是由外部环境和不可控因素所决定的。例如，自然灾害（如地震、洪水或飓风），以及意外事故和生命的自然过程（如出生、老龄化、疾病和死亡），都是独立于人类意志的客观现象。虽然人们可以通过科技进步和预防措施来部分预测和控制这些事件，但根本上无法完全避免它们的发生。

在商业和经营活动中，风险的客观性同样显著。技术创新、竞争对手的行动等，都可能带来风险，这些都是企业无法单凭内部决策完全控制的。因此，企业必须接受风险的客观存在，并通过风险管理策略来应对，包括识别和评估潜在的风险源、制定有效的应对措施，以及建立应急预案来减轻风险事件发生时的影响。然而，完全远离风险往往意味着放弃潜在的收益和发展机会。在许多情况下，一定程度的风险承担是必要的，因为它们与成长和创新的机会密切相关。企业领导者和管理团队的挑战在于，如何在追求增长和创新的同时，智慧地管理和平衡这些不可避免的风险，确保企业可持续发展和长期繁荣。

（三）风险具有相对性

风险的相对性体现在它总是与机遇共存。通常情况下，高风险可能带来高回报，而低风险则意味着较低的潜在收益。风险的感知和管理也因人而异，不同的个体或组织对同一风险的反应和承受能力不尽相同，这种差异性源于各自的资源、经验和情境条件。此外，个体或组织的风险承受能力也受到时间和空间的影响，显示出明显的个体差异。例如，在经济繁荣时期，企业可能更愿意承担高风险投资，而在经济衰退时则可能偏好低风险策略。

（四）风险具有动态性

风险的动态性意味着风险的存在和影响是随着时间和环境条件的变化而不断演变的。具体而言，风险的性质、规模及其可能带来的后果都可能发生变化。这种变化可能导致风险的出现或消失，也可能使原有的小风险扩大成更大的风险，或大风险缩减为小风险。例如，在技术快速发展的行业中，新技术的引入可能会降低旧有技术的风险，但同时可能引入新的未知风险。此外，经济环境的波动、市场需求的转变都可能在不同程度上增加或减少某些风险。在全球化的商业环境中，地缘政治变化同样可以对企业的风险状况产生深远影响。

### （五）风险具有普遍性

风险的普遍性是指几乎所有决策和活动中都存在潜在的不确定性。无论是经济活动、技术开发还是社会交往，只要存在不同的发展可能性，风险就无可避免。科技的迅猛发展带来了新的机遇，同时伴随着新型风险的出现，如网络安全风险、人工智能伦理风险等。此外，经济变量如物价、利率和汇率的波动，以及股市的起伏不定，也不断地给企业和个人带来风险。在这种环境下，变化本身就是风险的来源，风险的大小往往与变化的速度和幅度成正比，快速的变化可能给企业带来突如其来的挑战，而广泛的变化可能影响整个行业的稳定性。

### （六）风险具有偶然性

风险在客观存在的同时，带有显著的偶然性或随机性。风险事件并不是简单或孤立发生的，而是由多个因素在特定条件下相互作用的结果。这些因素包括作用时间、作用点、方向、顺序和强度，每个因素的变化和组合都可能导致不同的风险结果。例如，在金融市场中，多种经济指标、市场波动的交叉影响可能突然触发市场动荡或崩盘。由于这些因素本身存在偶然性，因此风险事件的发生也同样带有不可预测的特性，这种偶然性增加了风险管理的复杂度，同时可能加剧风险事件的破坏性。

### （七）风险具有必然性

尽管单个风险事件可能由于其偶然性而难以预测，但从更广泛的视角来看，某一类型的风险在一定时期内发生的概率和影响程度往往显示出一定的规律性。这种规律性可以通过数理统计和数据分析方法来识别和预测。例如，在保险行业中，通过分析大量类似案例的数据，可以预测某种类型的事故发生的频率和可能造成的经济损失。这种统计上的规律性使得风险可以在一定程度上被量化和管理，为风险评估和决策提供科学依据。

## 三、风险的分类

### （一）以风险对企业目标实现产生的影响为标准分类

以影响企业目标实现的程度为依据，风险可以分为战略风险、运营风险、合规风险、资产风险和报告风险五种主要类型。

（1）战略风险涉及那些威胁企业战略目标达成的不确定因素，包括战略规划和实施过程中的风险。这类风险属于较高层次的风险，直接影响企业的发展路线、资源分配、整体业绩和核心竞争力。

（2）运营风险指的是企业日常运营中可能遇到的影响效率和成效的不确定因素，如产品定价、融资方式、投资决策和资本结构等方面的风险。

（3）合规风险发生于企业在其生产、经营和管理过程中未能遵守法律法规、合同条款、监管规定或内部规则，从而影响企业运作的不确定性。

（4）资产风险关乎企业资产的安全、完整性以及使用效率，涉及的不确定因素可能影响资产的保值和增值。

（5）报告风险源于企业内部或外部报告的质量未达标准，可能影响目标的实现和企业的信誉。

### （二）以风险的来源为标准分类

根据风险的来源可以将企业风险分为内部风险和外部风险。

（1）内部风险主要源自企业自身的管理层和员工的行为和决策，包括董事和高级管理人员的职业操守、员工的专业能力，以及组织结构和经营方式的有效性。这些风险直接影响企业的运营效率、资产管理、技术创新及财务健康。例如，不恰当的资本结构或研发投资失误可能引发重大财务风险，而管理不善则可能导致业务流程效率低下。此外，企业在社会责任方面的表现，如环境保护和员工安全，也是内部风险的一部分，这些风险管理不当可能损害企业的公共形象和法律地位。

（2）外部风险则涉及企业控制范围之外的因素，如经济形势、产业政策、市场竞争、技术进步及自然环境的变化等。这些因素可能对企业的市场位置、成本结构、合规需求和技术更新提出新的挑战。例如，经济衰退可能压缩市场需求和融资渠道，技术进步可能迫使企业更新其生产工艺，而自然灾害（如洪水或地震）可能对企业的物理设施造成直接损害。

### （三）以风险产生的原因为标准分类

根据风险产生的原因，可以将风险分为自然风险和人为风险。

（1）自然风险源自自然界的不可抗力事件，包括台风、洪水、地震等自然灾害，这些灾害通常导致重大的物质损失和人员伤亡。

（2）人为风险则是由人类活动引发的，涉及行为、经济、技术等多个方面。具体来说，行为风险包括个人或团体因不当行为、过失或故意行为造成的损失；经济风险涉及市场预测错误、管理不善、价格波动、汇率和需求的变化及通货膨胀等因素；技术风险则包括科技进展可能引发的副作用，如环境污染和技术犯罪等问题。

## 四、企业财务风险的定义

目前，学术界对企业财务风险主要有以下四种定义。

### （一）筹资视角下的企业财务风险

从筹资角度来看，企业财务风险主要与筹集资金过程中未来收益的不确定性相关。企业在筹资时需要承担还款本金和支付利息的义务，如果未来偿债能力存在不确定性，可能会增加企业的经济压力，甚至可能导致资不抵债的风险。这种风险一般被视为财务杠杆使用的直接结果，并可以通过财务杠杆比率来评估。使用债务融资会给普通股东带来额外风险，因为企业是通过增加负债来进行生产和经营活动的。债务水平越高，企业面临的财务风险也就越大；相反，如果不产生任何债务，则不会有财务风险。

财务风险的程度深受企业的筹资规模和投资项目的收益率的影响。如果企业的投资回报率超过了借款的利率，那么增加借款比例可以提高企业的总收益率。然而，如果投资回报率低于借款利率，过高的借款比例反而会使企业的总收益率下降。这说明财务风险并非孤立存在，而是与企业的资金运用效率及市场环境紧密相关。理解并评估财务风险，需要深入分析企业的债务结构和投资决策的有效性，确保在不增加过度财务压力的前提下，合理利用财务杠杆带来的潜在经济利益。因此，企业在决策过程中应考虑到财务策略与市场条件的匹配，确保在追求利润最大化的同时，也能够有效控制和管理财务风险。

### （二）不确定性视角下的企业财务风险

在探讨企业财务风险定义时，不确定性视角提供了一种深入理解财务风险本质的方法。根据这种观点，风险被定义为未来结果的变化性，是一种关于不愿见到的事件发生的不确定性的客观体现。企业在开展各项财务活动，如筹资、投资、资金回收及收益分配时，都面临未来结果的不确定性，这种不确定性就是财务风险的来源。财务风险影响企业的盈亏状态和经营状况，对企业的生存和发展具有决定性影响。因此，财务风险管理是企业管理中不可或缺的一部分。虽然完全消除财务风险是不可能的，但通过有效的风险管理策略，可以最大限度地减少财务风险带来的负面影响。

在财务活动中，筹资风险涉及因借入资金增加而丧失偿债能力的可能性。当企业依赖外部融资时，任何资本市场的波动或信贷政策的变动都可能加剧这种风险。投资风险则是由于市场和其他不确定因素的影响，可能使得投资收益无法达到预期目标。这种风险的出现往往与企业的投资决策和市场环境密切相关。资金回收风险反映在企业的产品销售和货币资金回收的过程中。市场需求的波动、客户支付行为的不稳定等都可能导致资金回收的时间和金额出现不确定性。收益分配风险则涉及利润分配后可能对企业未来的生产经营活动产生不利影响的问题。各种风险共同构成了企业在财务管理中必须面对的挑战。

从更广泛的视角看，财务不仅是资金的运动，还反映了企业内部与外部环境之间的复杂关系。在生产经营活动中，每一笔资金的运动不仅是数字的变化，更是企业战略决策、市场定位及风险管理能力的体现。因此，理解财务风险的不确定性，就要求企业不断地评估和优化其财务决策，确保在追求盈利的同时，能够有效地应对和管理各种不可预见的财务风险，从而维持企业的稳健运营和持续发展。

### （三）资本结构视角下的企业财务风险

资本结构关乎企业自有资金与债务资金的比例，其核心在于找到这两者之间的最佳平衡点。资本结构的不平衡，特别是债务资本比例过高，常常会增加企业的财务压力，因为债务资金需要定期支付利息，且最终需要偿还本金。

财务风险通常是指由于企业资本结构失衡引发的支付能力下降的风险。这种风险随着债务比重的增加而加剧，导致企业在利息和本金偿付方面的能力趋弱。当企业的债务占比过高时，其偿债压力增大，财务状况可能因此恶化，进而增大财务风险。基于此，企业可以从自身实际出发，合理规划资本结构，尽量避免过度依赖债务资金，确保企业在扩张与成长的同时，能够维持稳健的财务状态。

从资本结构角度界定的企业财务风险，不仅仅是债务导致的直接负担。正确的资本结构规划还包括考虑市场条件、行业特性及企业发展阶段等因素，这些都是企业制订资本结构策略时必须考虑的重要维度。总之，优化资本结构，不仅能够减少财务风险，还能增强企业的市场竞争力和抗风险能力，从而为企业持续发展提供有力的财务支持。

### （四）基于对企业财务本质的理解的企业财务风险

#### 1.财务的产生与形成

财务的起源可以追溯到商品生产和交换活动的初期，随着货币的出现，其作为购买和支付手段在商品交换中的应用，催生了货币保管与结算的初步活动，这些是财务最早的形式，体现了货币所有权、使用权和结算关系的基本财务关系。随着社会的发展，手工业从农牧业中分化出来，手工业者通过出售产品获取货币，并储蓄部分货币用于未来购买原材料，以维持生产活动，标志着财务活动的进一步演化。

到了原始社会末期，商人的出现推动了财务活动的复杂化。商人通过购买生产者的产品并将其销售给消费者，实现货币的投入与回收，这不仅是为了满足个人和家庭的生活需要，更是为了追求资本的增值。这种经济活动的扩展，使得财务不再局限于商品买卖双方，而是涉及了生产者、经营者和消费者三方的更为复杂的经济关系。

在这一过程中，财务作为一种经济活动，不断适应和反映了生产力的发展和社会经济结构的变化，其功能和意义也随之扩展，财务从简单的货币保管和结算活动，逐步演进为涵盖资本筹集、投放、耗费、收入和分配等多方面的经济内容，这不仅展示了财务在经济活动中的基础作用，还反映了其在促进社会经济发展和资本增值中的重要作用。因此，理解财务的历史和发展过程，有助于深入探讨其在现代经济中的应用和影响，以及如何通过有效的财务管理来促进企业的健康发展。

2.财务的本质

关于财务的本质，有多种理论观点。理论界对于财务的理解较为丰富，包括货币关系论、资金运动论和价值分配论等，每个理论都试图解释财务在经济活动中的作用。财务不仅是货币资金的集合，还包括资金的运动和分配以及这些活动中形成的复杂经济关系。

在探讨财务的多维性时，可以看到它既是资金的筹集和投入，也涉及资金的耗费、回收与分配。这些活动体现了社会再生产过程中的资金流动性，是推动经济发展的重要因素。同时，财务关系展现了与资金相关活动中各利益相关者之间的权利与责任，这种关系既反映了资金的管理和使用，也涉及价值的创造、分配和最终消费。

本书将财务定义为社会再生产过程中的资金运动及其所体现的经济关系。这一定义揭示了财务在现代经济体系中的核心地位，强调了其在调节社会经济结构、实现资源优化配置中的作用。财务作为连接不同经济主体和市场的桥梁，既是经济数字的简单堆砌，也是一系列复杂经济活动的体现。

3.企业财务与企业财务风险

社会生产力的快速发展和分工结构的优化带来了财务主体的多样化，包括个人、家庭、企业及政府等。在这些主体中，企业财务尤为关键，它涵盖了企业在社会再生产过程中资金的筹集、投入、耗费、回收与分配等活动及其所体现的经济关系。它不仅反映了企业的经济状态和运营效率，还是评价企业经济活动成效的重要标准。

由于市场和经济环境的不确定性，企业在进行这些财务活动时总是伴随着一定的财务风险，这些风险可能源于市场波动、政策变化或内部管理不善，每一个资金运动的环节都可能成为风险的触发点。因此，有效的财务管理和风险控制策略对于企业来说至关重要，它不仅有助于企业稳健经营，还是确保企业可持续发展的关键。

企业财务风险是一个涉及资金全过程的概念，从筹集、投入、耗费、回收到分配，每一个环节都可能面临不同的风险。在筹资环节，企业可能遇到到期还本和支付利息的困难；在投资环节，面临的是投资收益未达到预期的风险；耗费环节的风险则体现在流动资产和固定资产的资金消耗超出平均水平；在回收环节，企业可能遭遇销售收入无法及时回收的问题；在分配环节，企业可能面临资金流动不均衡和分配结构不合理的问题。这些风险共同构成了企业在财务活动中可能遇到的总体风险。

本书将企业财务风险定义为企业在社会再生产过程中，由于各种不确定性因素的影响，导致财务活动的预期结果与实际结果之间存在差异。这种定义反映了财务风险的本质，即不确定性的存在导致预期收益与实际收益的偏离，进而影响企业的财务状况和经营成果。

随着企业改革的深入和经济环境的变化，新的财务活动不断出现，拓展了企业财务的内容，引入了新的风险类型。这表明企业财务风险的管理和控制是一个动态的过程，需要企业不断适应外部环境的变化，更新风险管理策略。因此，有效管理企业财务风险不仅需要对现有风险有深刻的理解，还要预见和应对可能出现的新风险，确保企业能够在变化的市场中稳健成长。这也意味着，企业财务风险的概念和管理策略将随着时间的推移和实践的积累而不断演化，以适应日益复杂的经济环境。

## 五、与企业财务风险相关的概念

### （一）经营风险

1. 经营风险的概念

企业风险通常分为经营风险和财务风险。经营风险是企业在没有借用债务资金的情况下，资产运营中所面临的风险，它直接受到企业生产活动特性和成本结构的影响。相对而言，财务风险则是由于企业采用负债融资而对股东增加的风险，主要涉及负债比重、利率和汇率变化等因素。

对经营风险而言，其是企业在商业活动中固有的，通常源于外部的经济环境变化、市场供需和价格波动等。企业内部的技术设备、产品结构和成本水平等也是其变动的主要驱动因素。而财务风险通常指的是举债经营可能引发的收益不确定性，如果企业的经营收入不足以覆盖利息和本金的支付，可能导致财务危机甚至破产。

2. 财务风险和经营风险之间的关系

要深入理解财务风险和经营风险之间的关系，首先从企业的核心经济活动着手。企业的经济活动主要分为经营活动、投资活动和筹资活动。这些活动不仅彼此影响，还相互依存，共同构成了企业的经济基础。经营活动涉及企业的日常业务，如销售商品、提供服务、采购原料等，而投资活动和筹资活动则更多关联企业的财务决策，如资本支出、资金借贷和股权变动等。

经营风险和财务风险之间的关系是动态的，它们在企业运营中相互作用和影响。经营风险主要来源于企业经营活动中的不确定性，如市场需求的变化、原材料成本的波动、竞争态势的改变等。这些因素直接影响企业的营业成果和财务表现，从而可能引发财务风险。如果一家企业的主要产品因为市场偏好变化而销售不畅，这不仅会带来经营风险，同时增加了因资金回收不及时导致的财务风险。

财务活动中的投资和筹资决策也会对经营风险产生影响。一个不当的投资决策可能导致大量资金被占用，而不合理的筹资方式则可能增加债务负担，这些都会加剧企业的财务风险，进而影响企业的整体经营状况。此外，经营风险和财务风险相互影响还体现在，任何经营上的失误或外部经济环境的变动，都可能迅速转化为财务问题，影响企业的资金流动性和财务稳定性。

因此，企业在制订战略和决策时，需要全面考虑经营活动和财务活动的相互影响。优秀的企业管理不仅能够有效识别和管理各自领域内的风险，还能够洞察这些风险如何通过企业的活动相互作用。

（二）财务危机

国内外学术界在定义财务危机时呈现多样性，各种观点反映了对财务危机深入理解的不同层面。有观点认为，财务危机是企业在履行财务义务时遇到阻碍的状态，包括流动性不足、权益不足、债务拖欠及流动资金不足等情况。有观点将财务危机看作严重的现金流问题，认为除非对经济实体的经营或结构进行大规模重组，否则难以解决这一问题。还有观点从技术破产、会计失败、企业失败和法定破产四个角度来定义企业的财务危机。在国内，对财务危机的定义同样涵盖了从资金管理技术性失败到破产的多种经济现象。有研究指出，公司治理的弱化是上市公司陷入财务危机的重要因素，这表明治理结构与财务危机之间存在复杂的辩证关系。

尽管定义各异，但普遍认同财务危机主要由企业无法适应外部环境变化或内部管理不善引发，财务上主要表现为资不抵债、亏损甚至破产倒闭等。财务危机的本质是企业在生产经营中遭遇的严重困境，其背后原因是企业财务风险管理的失败。财务风险与财务危机虽相关，但并非同质概念。财务风险的存在和加剧可能使企业的财务状况逐步恶化，进而导致财务危机爆发，然而，这并不意味着财务风险必然导致财务危机。如果企业管理层具备良好的风险意识，并且有有效的风险抵抗策略和手段，完全有可能避免财务危机或将损失最小化。相反，如果企业在财务风险控制方面管理不当，就可能直面财务危机。

因此，企业要通过加强对财务风险的识别、度量和控制，来预防财务危机的发生或减轻其带来的损失。这就需要企业不仅要关注当前的经济活动，还要对外部环境变化保持敏感，同时强化内部管理，确保财务活动的健康运作。

## 六、企业财务风险的种类与特征

### （一）企业财务风险的种类

在企业财务管理中，财务风险是由资金运动的不确定性引发的，这种风险直接关系企业的资金安全和财务稳定。理解企业在资金运动各环节中可能面临的财务风险至关重要，因为这关系企业能否有效应对市场变化和经营挑战。企业的资金运动大致可分为筹集、投入、耗费、回收和分配几个关键环节。在这些环节中，资金的投入、耗费及回收主要涉及企业的投资活动。这些活动不仅涉及资金的具体使用，还包括对于资金使用效率和回报率的管理。因此，这一类风险被归类为投资风险。投资风险主要来源于项目选择的失误、市场条件的变化或投资效果未达预期，可能导致资金损失或收益率下降。

资金的分配活动涉及将企业收益在投资者和企业内部再投资之间进行分配的决策。这种分配决策直接影响企业的资金再生产能力和长期发展潜力。在实践中，留在企业内部用于再投资的资金，本质上是企业的一种筹资方式，因此这一类风险被归为筹资风险。筹资风险主要源自资金来源的不稳定、融资成本的变化或融资结构的不合理，可能导致企业面临财务压力或资金链断裂的危险。

从上述分析可见，企业财务风险的种类包括筹资风险和投资风险，如图 2-1 所示。筹资风险关注的是资金来源的稳定性和成本，而投资风险则关注的是资金使用的有效性和收益性。这两大类风险相互关联，共同影响着企业的财务健康和经营成果。

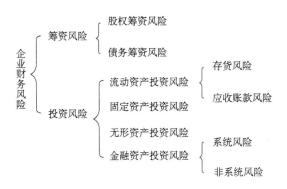

图 2-1 企业财务风险的种类

1. 筹资风险

筹资风险涉及资金来源的多样性以及市场和宏观经济环境的变化。企业筹资的资金大体上可以分为自有资金和借入资金，每种资金来源都带来不同的风险。筹资风险体现在预期结果与实际结果之间的差异，这种差异可能因资金供需市场、筹资来源结构、币种结构、期限结构等因素的变化而产生。

在股权筹资方面，企业通过发行股票来筹集资金，此过程包括发行数量、发行时机和筹资成本等因素。如果筹集的资金未能产生预期效益，可能导致投资者信心下降，股票被抛售，股价下跌。股价下跌不仅影响企业的市场价值，还会增加未来筹资的难度和成本。此外，股权筹资风险还受到企业的资本结构、经营状况和资本市场环境等因素的影响。

债务筹资风险则主要体现在企业到期无法偿还债务的风险上，这类风险的影响因素包括负债规模、利率、期限结构及债务结构等。债务筹资的风险还可能受到企业投资决策和外部经济环境变化的影响。如果企业的投资未能实现预期的收益，或者由于经济衰退、市场动荡导致利率上升，都可能加剧企业偿债的压力。

企业在筹资活动中需要特别注意资金的来源结构，不合理的资本结构可能增加资金成本并降低资金使用效益。如果自有资金和借入资金的结构不均衡，可能导致企业在偿还债务或实现自有资金的预期收益率方面遇到困难。因此，企业在制定筹资策略时，需要综合考虑市场条件、资本结构、自身的财务状况和外部经济环境，以确保筹资活动的成功并最小化筹资风险。

2. 投资风险

投资风险是企业在投资活动中面临的一大挑战，由于不确定因素的影响，使得企业的预期财务成果与实际财务成果存在差异。这种风险在企业的对内投资和对外投资活动中均有体现，且因投资的具体对象不同而表现出不同的特征和影响。

对内投资主要涉及对企业自身流动资产、固定资产和无形资产的投资。在这些投资中，决策的科学性和所投资的资产结构的合理性对投资成效具有决定性影响。例如，在流动资产投资方面，企业需面对存货风险和应收账款风险。存货风险主要表现为存货的周转率问题，如果存货过多，可能导致资金积压和资金流动性减弱，而存货周转率过高则可能因存货不足而无法满足生产需求或客户需求，进而影响企业的运营效率和市场信誉。应收账款风险则涉及账款回收的时间和金额的不确定性，这直接关系客户的偿债能力和信用状况，以及企业自身的信用政策和结算方式。应收账款的周转率和周转天数反映了回收时间的风险，而坏账损失率则体现了回收金额的风险。

对外投资涉及企业在外部市场或其他企业中的资金投放，这类投资风险往往更为复杂，涉及市场波动、行业趋势及合作伙伴的稳定性等因素。对外投资的不确定性较高，需要企业有精确的市场分析能力和风险评估机制，以确保投资决策的科学性和投资活动的安全性。

无论是对内还是对外投资，企业都需要建立健全的投资评估和风险控制系统，以减少投资决策的偏差和风险，包括对投资项目的彻底研究、市场趋势的准确把握、财务成果的合理预测及风险后果的充分准备。对外投资的风险可以分为系统风险和非系统风险两大类。系统风险也被称为市场风险或不可分散风险，主要由外部宏观环境的变化引起。这类风险包括但不限于经济波动、社会环境变化、通货膨胀、利率和汇率的波动以及宏观经济政策的调整。系统风险是不可避免的，因为它们是市场中所有参与者共同面临的，企业或投资者通过投资多样化无法完全避免这些风险。非系统风险也被称为企业特有风险或可分散风险。这类风险更多地关联被投资企业自身的具体情况，如企业经营策略的失误、新产品开发失败、劳资关系不稳，或是面临激烈的市场竞争等。非系统风险的特点是通常只影响特定的公司或行业，不同公司或行业之间的这些风险表现各不相同。因此，这类风险可以通过构建多元化的投资组合来分散风险，如投资于不同行业或不同地区的企业，从而减少任何单一投资所带来的潜在损失。企业在对外投资时，应评估这些投资所面临的潜在风险，并采取相应的风险管理和缓解措施。包括对投资项目进行仔细的风险评估、使用金融工具对冲部分风险以及构建多元化的投资组合来分散特定风险。

### （二）企业财务风险的特征

企业财务风险有五个核心特征，即客观性、不确定性、可度量性、双重性和全面性，这些特征为理解和管理这种风险提供了重要视角。

1. 客观性

客观性强调了财务风险是企业外部环境和内部条件变化的自然结果，而非单纯受到主观意愿的影响。这一特性促使管理层认识到财务风险的存在，并寻找其根本原因，以便有效地识别和应对这些风险。

2. 不确定性

不确定性是企业财务风险的基本属性，意味着未来财务状况的不可预测性。不确定性的存在使得企业面临潜在的财务损失，但同样也可能带来额外的收益机会。对于不确定性的理解和管理，是企业财务风险控制的关键。

### 3.可度量性

可度量性表明企业财务风险可以通过数学和统计方法进行量化。通过对财务风险的精确度量，企业能够更好地评估风险所带来的潜在影响，并制定相应的风险缓解策略。这也是企业可以进行科学决策和风险管理的基础。

### 4.双重性

双重性揭示了财务风险既有可能导致损失，也可能创造收益。这要求财务管理者不仅要警惕风险可能带来的负面影响，还要能够利用风险为企业带来潜在的利益。因此，财务管理者需要发展出一套有效的风险识别、评估和利用的综合能力。

### 5.全面性

全面性说明了财务风险贯穿于企业所有的财务活动中，并影响着各种财务关系。企业需要从整体出发，全面考虑和管理在各种财务活动中可能出现的风险。这种全面的视角有助于企业构建一个合理的风险管理框架，从而在维护稳定的财务状况的同时优化财务表现。

## 第二节　目标的设定

### 一、目标设定的含义

目标设定是指企业在识别和分析影响目标实现的风险并采取行动来管理风险之前，采取恰当的程序去设定控制目标，确保所选定的目标支持和契合企业的发展使命，并且与企业的风险承受能力相一致。2008年5月，财政部会同中国证监会、国家审计署、中国银监会、中国保监会制定了《企业内部控制基本规范》，其中第二十条规定："企业应当根据设定的控制目标，全面系统持续地收集相关信息，结合实际情况，及时进行风险评估。"可见，目标设定是企业风险评估的起点，是风险识别、风险分析和风险应对的前提。

## 二、目标设定的内容

《企业内部控制基本规范》第三条规定："内部控制的目标是合理保证企业经营管理合法合规、资产安全、财务报告及相关信息真实完整，提高经营效率和效果，促进企业实现发展战略。"因此，目标设定通常包括战略目标、经营目标、资产安全目标和报告目标的设定，其中，战略目标是最高层次的目标，要体现企业的使命和愿景，经营目标、资产安全目标、合规目标和报告目标均要服务于战略目标。[①]

《企业内部控制基本规范》第二十一条规定："企业开展风险评估，应当准确识别与实现控制目标相关的内部风险和外部风险，确定相应的风险承受度。"

企业应当根据自身的风险偏好和风险承受度来制定公司层面目标，再将其层层分解为业务层面的可执行的目标，并对这些目标与自身的风险偏好和风险承受度的一致性进行检验。业务包括采购业务、生产业务、销售业务、预算业务等，分别对应着采购部门、生产部门、销售部门、财务部门等。因此，业务层面的目标最终需要落实到相应的职能部门的具体目标上。

### 1.战略目标的设定

战略目标的设定首先需要明确企业的愿景和使命。愿景是对未来的一种憧憬和期望，是企业努力想要达到的长期目标，是企业发展的蓝图，体现企业永恒的追求。使命，又称宗旨，反映了企业存在的理由或价值。使命不是对企业经营活动具体结果的表述，而是企业开展活动的努力方向、核心理念和基本原则。战略目标是企业愿景与使命的具体

---

① 王烨. 新旧企业内部控制基本规范之差异比较 [J]. 财会月刊，2009（7）：40-42.

化，反映企业在一定时期内经营活动的方向和所要达到的长期成果，如业绩水平、发展速度等。与愿景和使命不同的是，战略目标要有具体的数量特征和时间节点。

不同企业的战略目标是不同的，但需要制定目标的领域是相似的。管理大师德鲁克（Drucker）曾提出八个关键领域的目标：市场、技术改进和发展、生产力、物资和金融资源、利润、人力资源、职工积极性发挥以及社会责任。[①] 企业不一定要在以上所有关键领域都制定目标，其战略目标也不局限于以上几个方面。

企业的战略目标体系通常由多个层级的目标组成，包括总体战略目标、业务单位的战略目标以及职能战略目标。这些目标不仅反映了企业的使命和愿景，而且相互支撑，形成一个综合的战略框架。在设定这些战略目标时，董事会起着核心的决策作用，而管理层则需要对企业的当前绩效进行深入评估。这一过程涉及对内外部环境的详尽分析，并要求管理层与董事会及员工进行有效沟通，以确保所设定的战略目标既能反映企业的实际能力，又符合企业的风险承受能力。

战略目标具有长期性，一旦确定后通常保持稳定，但并非一成不变。在实施过程中，如果内外环境发生重大变化，或实际执行结果与既定战略目标出现偏差，企业就需要对其战略目标进行相应的调整或优化，甚至可能需要进行战略转型。这种灵活调整的过程是必要的，因为它能帮助企业保持战略的现实适应性和前瞻性，确保长期目标的实现不会因环境变化而偏离预定轨道。这样的动态调整机制是企业应对快速变化的市场环境的关键策略，确保企业能在复杂多变的商业环境中持续成长和成功。

2.经营目标的设定

经营目标的设定是管理层对企业在特定的行业背景、外部环境和内

---

① 德鲁克.管理的实践(中英文双语版)[M].齐若兰,译.北京:机械工业出版社,2020:54.

部资源条件下的重要管理决策。这些目标不仅关系企业运营的效率，还关系其效果，即如何在实现过程中合理利用企业的有形和无形资源，并通过经营活动达成部分或全部的经营目标。有效的经营目标能指导企业将长期战略目标细化为具体的执行性战术目标，进而形成年度经营目标。年度目标继续被细分，直至变成具体的工作目标、任务和要求，明确指定责任人来组织和控制资源，确保各经营层面和单元能协同工作，朝着企业的整体目标努力。这种目标的层层分解和明确化，确保从高层管理到一线员工，每个人都明确自己的责任和目标，促进企业资源的最优配置和目标的有效实现。通过这种系统的目标设定和分解过程，企业能够在复杂多变的商业环境中维持清晰的方向和高效的运营。

3. 资产目标的设定

资产目标的设定在企业内部控制中占据着核心地位。资产目标既可以被视为运营目标的一个组成部分，也可以独立设置。《企业内部控制基本规范》明确将其作为一个独立的目标来提出，这反映了资产安全与完整性在企业生产经营中具有基础性作用，资产管理不善往往导致资产流失、价值毁损及利用效率低下等一系列问题，因此明确将资产安全作为一个独立的内部控制目标，对于确保资产的安全、完整、有效利用和价值增长具有至关重要的意义。

在设定资产目标时，重点不仅在于保障企业资产的安全和权属不受侵犯，还应包括提高资产的使用效率和经济效益，确保资产的价值和功能得到最大化的保护和增值。通过有效的资产目标设定，企业可以防止资产无效流转和损耗，同时促进资产在保值和增值过程中的最优配置。

综上所述，资产目标的设定应综合反映企业的运营效率和战略需求，通过精细的管理和明确的责任划分，确保每一项资产都能在保障企业稳健运营的同时，贡献更大的经济价值。

4. 报告目标的设定

报告目标的设定是为了确保财务报告及相关信息的真实性和完整性，

同时满足信息使用者的具体需求。在这一过程中，信息的精准度和适当的详细程度是关键考量因素，以保证报告既充分又不冗余，提供必要的数据而非过多的细节。报告应准确反映企业的商务活动，包括各项交易和事务的精确描述，确保信息的准确度和适时性以满足使用者的要求。

对于外部财务报告，目标的设定必须符合当前的会计准则和监管要求，确保报告的质量特征符合标准。内部财务报告的目标则更多反映了管理层的需求，旨在提供决策支持。管理层在设定这些目标时，需在报告中反映出为满足内部用户需求而确定的精确度水平和准确性要求。这不仅包括财务报告的重要性水平，还应涵盖非财务报告的目标，确保提供的信息能有效支持企业的日常管理和战略决策。

## 三、目标设定与风险偏好、风险容忍度

企业在追求价值增值的过程中的风险偏好定义了其能够接受的风险程度，这包括风险的种类和数量。风险容忍度进一步精细化这一概念，为企业设定了在目标实现过程中可容忍差异的具体界限。这两个概念在企业战略的制定和目标选择中起到关键的指导作用，确保企业的行动方向与其长远的发展规划及使命相符合。在设定目标时，管理层需要综合自身对风险的偏好来确定风险容忍度，反映了他们对偏离计划结果的容忍程度。企业的风险偏好不仅影响战略选择，还影响日常运营决策，因此明确这一点对于制定有效的业务策略至关重要。例如，风险回避型的企业在面临选择时，倾向于那些低风险的项目，而风险喜好型的企业则可能追求高风险的投资，期待获得更大的回报。

管理者在确定企业的风险容忍度时，实际上是在衡量企业在遇到不利情况时能承受多大的损失。包括分析企业能容忍的最大风险上限——风险容限，并对超出此界限的风险采取必要的降低措施，确保风险维持在可接受的范围内，这种措施可能涉及资本保留、保险购买、多元化投资等策略。

风险偏好与风险容忍度虽然紧密相关，但它们在概念上存在本质区别。风险偏好主要描述的是在面对风险时个体或企业所经历的效用变化。具体来说，那些在承担风险时获得正效用的人或机构被视为风险爱好者，他们对风险的倾向性随着预期正效用的增加而增强；相反，获得负效用的风险厌恶者则会在效用损失加剧时趋向避免风险。而风险容忍度则更多地反映了在特定目标下对风险承担的意愿和能力，并不能直接反映对风险的喜好或厌恶。例如，当一家企业设定年度收入增长目标为 20% 时，可能会接受 15% ～ 20% 的增长率作为可容忍的范围。这 5% 的风险容忍度表明了企业对目标实现的偏差接受程度，而并不能直接反映企业对风险的态度。在企业层面，采用组合风险观点来管理和评估风险变得尤为重要。这种观点要求在制定和评估企业战略时，不仅考虑单一业务单位的风险承受和管理能力，还需从整个企业的角度出发，将各个业务单元的风险综合起来考虑，确保这些风险在总体上不会超出企业的风险容忍度。这种方法允许企业在保持各个业务单位灵活性的同时，确保整体风险水平处于可控状态。

## 第三节　财务风险的识别、分析与应对

### 一、风险识别

在企业内部控制的体系中，风险识别扮演着基石的角色。这一过程涉及对影响控制目标实现的各类风险因素的深入挖掘，包括风险源、风险事件、引发原因及其可能带来的后果。有效的风险识别能够确保企业在面对潜在挑战时，能够及时做出反应，防患于未然。风险识别的目的是确认所有风险的来源、种类及发生损失的可能性，其是否全面和深刻，直接影响风险评估的质量和效果。

### （一）风险识别的概念和内容

1.风险识别的概念

风险识别涉及对企业资产所承受的当前及潜在风险进行详细判断和分类。此过程旨在全面确定风险的起源、种类及其可能带来的影响，从而促进风险的有效管控。作为一个动态且持续的操作，风险识别要求企业不断地审视和评估风险，确保控制措施的时效性和适宜性。

2.风险识别的内容

风险识别的内容涵盖一系列由外部和内部因素引发的风险事件，这些事件可能导致企业面临财产损失、客户流失或声誉受损等多种不良后果。在进行风险识别时，企业首先需要通过调查和了解来感知风险的存在，这一过程被称为感知风险。随后，通过对风险事件的归类和深入分析，企业可以掌握风险产生的原因、条件及其本质，这一过程被称为分析风险。感知风险为风险识别提供基础数据和信息，而分析风险则是风险识别过程中的关键步骤，帮助企业有意识和有目的地深入理解风险，从而有效地制定对策。风险的识别不仅关注风险事件本身，还包括对风险后果的预判。风险后果是风险事件发生后对企业目标实现的影响。这种影响既可能是负面的，如导致经济损失或品牌形象受损，也可能是正面的，如在应对风险的过程中发现新的业务机会或增强企业的危机管理能力。因此，全面的风险识别不仅要涵盖风险的来源和类型，还要包括对风险影响的广泛评估，确保企业能够在各种情况下维持运营的稳定性和持续性。

### （二）识别风险关注的因素

1.外部风险

企业在经营过程中会面临多种外部风险，这些风险源自企业所处的外部环境及其变化，直接影响企业的目标实现。

《企业内部控制基本规范》第二十三条规定，企业识别外部风险，应当关注下列因素。

①经济形势、产业政策、融资环境、市场竞争、资源供给等经济因素。

②法律法规、监管要求等法律因素。

③安全稳定、文化传统、社会信用、教育水平、消费者行为等社会因素。

④技术进步、工艺改进等科学技术因素。

⑤自然灾害、环境状况等自然环境因素。

⑥其他有关外部风险因素。

对于企业来说，在全球化经营中，外部风险是不可避免的挑战。这些风险多种多样，包括自然灾害、市场波动等，每一种都可能对企业造成影响。

自然风险源于地球自然现象的不确定性，如洪水、火山爆发、地震及海啸等灾害，以及风暴、暴雨和龙卷风等极端天气事件。这些自然事件可能导致人员伤亡，对建筑物、原材料获取或人力资源造成损害。

市场风险则覆盖了产品和金融市场的多个方面。在产品市场，企业可能因市场趋势变动、产品需求下降或竞争加剧而面临销售难题，影响收益。金融市场的波动也同样关键，涉及利率、外汇和股债市场的不稳定。市场风险还可细分为供给风险和需求风险。供给方面，关键设备、原材料或人力资源的获取可能受到价格或数量的波动影响。需求方面，则关注消费者偏好的变化、产品更新换代的速度、竞争激烈程度、营销渠道效率及品牌形象等因素。

2.内部风险

企业的内部风险主要源自决策与经营活动的各个方面，这些风险在不同的层面和流程中表现出来，对企业的健康运营构成挑战。一方面，决策风险涉及企业策略与外部环境的适应性。如果企业在制订策略时未能充分考虑外界变化，如市场需求、竞争态势或宏观经济条件，可能导致决策与实际情况不匹配，从而影响企业的效益和发展。另一方面，企业的经营活动本身也暗藏着风险，这些风险来源于企业内部的各种流程和部门。例如，生产流程中可能存在的质量控制问题、供应链管理中的断链风险、财务部门的资金流管理失误，以及人力资源管理中的员工满意度和绩效问题等。每一个环节的失误都可能引发成本增加、效率下降、客户满意度降低甚至法律诉讼等问题。

（1）《企业内部控制基本规范》第二十二条规定，企业识别内部风险，应当关注下列因素。

①董事、监事、经理及其他高级管理人员的职业操守、员工专业胜任能力等人力资源因素。

②组织机构、经营方式、资产管理、业务流程等管理因素。

③研究开发、技术投入、信息技术运用等自主创新因素。

④财务状况、经营成果、现金流量等财务因素。

⑤营运安全、员工健康、环境保护等安全环保因素。

⑥其他有关内部风险因素。

（2）企业常见的内部风险有战略风险、财务风险、运营风险等。

①战略风险。战略是企业应对未来环境变化、追求长期生存和稳定发展的总体规划。战略风险涉及战略制定与执行过程中可能导致企业目标未达成的各种因素。包括战略决策的失误、执行中的偏差、对行业变动的无效应对，这些都可能对企业的收益或资本产生即时及长期的负面影响。战略风险的表现多种多样，例如，战略目标可能与企业的整体方向不一致；制定的经营策略可能存在缺陷，无法有效支持目标的实现；所需资源的缺乏可能阻碍战略的执行；整个战略实施过程的质量难以保障。这些问题如果不加以解决，可能严重影响企业的战略成效。企业在执行战略时还需要面对宏观经济的不确定性、国际化经营中的复杂性、业务改革与转型的挑战及科技创新的快速变化等。

②财务风险。财务风险指在企业的财务活动中，由于各种难以预料或难以控制的因素作用，导致实际财务收益与预期收益发生偏离，进而增加企业蒙受损失的可能性。这种风险涵盖筹资、投资及收益分配的各个方面。筹资风险主要体现在两个方面：一是可能增加企业的资金成本，二是可能降低企业的偿债能力。资金成本的增加会直接影响企业的利润水平和财务稳定性；偿债能力的减弱则可能危及企业的长期生存。投资风险则源于项目本身的不确定因素，这些因素可能导致投资的实际回报无法达到预期目标。企业的投资决策通常基于一系列假设，若实际情况与这些假设不符，就会引发投资风险。收益分配风险涉及公司股利分配未能达到投资者的预期，可能导致投资者对公司价值的低估，并采取抛售股票、联合罢免管理层等行动，这些行为都可能对企业的正常运营产生不利影响。同时，过多的股利分配也可能导致公司资金储备减少，进而影响企业未来的投资计划和债务偿还能力。企业所面临的财务风险主要包括债务风险、现金流风险以及金融及金融衍生品业务风险。债务风险可能影响企业的资金链稳定，现金流风险涉及现金流入和流出的不确定性，而金融及金融衍生品业务风险则关联到金融市场的波动性。虽然财务风险无法被完全消除，但企业通过有效的风险管理措施，可以显著降低这些风险的影响，包括优化财务管理体系，强化内部控制机制，以及定期进行财务健康检查，确保企业能在复杂多变的市场环境中保持财务稳健，支持其战略目标的实现。

③运营风险。运营风险涉及企业内部流程、人为错误以及外部因素可能导致的经济损失。这类风险广泛存在于企业的各个层面，包括流程、人员、信息系统、事件处理及业务操作等方面。流程风险通常发生在交易流程中，错误的操作可能导致直接的经济损失。例如，在财务报表的编制过程中，数据录入错误就可能引发严重后果。人员风险则关联到员工的能力、诚信及道德操守，员工的不当行为或决策失误可能给企业带来不可预见的损失。信息系统风险主要由技术故障或安全问题引

起，包括系统故障、数据处理错误、安全漏洞或非法访问等情况，这些都可能严重影响企业的运营安全和数据完整性。事件风险则涉及由内部或外部因素引发的欺诈行为、市场操作不当、自然灾害等，这些事件均可导致企业遭受损失。业务风险则与市场或竞争环境的不可预测变化有关，如市场需求下降、新竞争对手出现或行业政策调整，都可能对企业的经营造成影响。根据风险分类标准，运营风险可细分为经营效益风险、投资风险、安全、环保及质量风险、舆情风险、采购与供应链管理风险、工程项目管理风险等。每一种风险都需要企业进行详细分析和积极管理，以降低潜在的负面影响。

### （三）风险识别的流程

风险识别的流程是一个系统的信息收集过程，涉及风险因素、风险事件、损失暴露以及危害等多个方面。这一流程的关键环节包括发现风险因素、认识风险因素、预见危害和重视风险暴露。

#### 1.发现风险因素

在识别风险时，风险管理人员面临的首要任务是了解风险主体可能遭受损失的来源。识别并理解这些潜在风险源是防止风险事故发生的核心。通过深入分析风险主体的活动内容和环境，管理人员可以发现并解构那些可能导致风险事故的因素。对于企业活动内容的了解应包括对公司治理结构、组织机构、企业文化、人力资源政策、内部控制制度、内部审计机制，以及业务流程和盈利模式的全面分析。这种深入的洞察帮助风险管理人员识别出可能影响企业运行的内部风险点。同时，企业活动环境的评估也是不可或缺的。采用PEST分析法（政治、经济、社会、技术环境分析）可以全方位地审视外部因素，这有助于发现那些可能引发风险的外部条件。识别这些风险因素后，风险管理人员需要进一步认识和预见潜在的危害，并对风险暴露给予充分重视。通过这种方法，风险管理人员可以针对性地选择合适的风险处理技术，改变风险因素存在的条件，有效控制或减少风险因素的增加和聚集。

2. 认识风险因素

风险管理人员在识别和理解风险因素时所展现的能力至关重要。不同人员在认知风险的能力上存在差异。经验不足的风险管理人员可能会忽略明显的风险因素，从而导致本可预防的风险事故的发生。例如，某油库管理员李某在工作中的吸烟的行为大大增加了火灾或爆炸的风险。风险管理员王某在巡查中注意到了李某身上的烟味并在地面上发现烟灰，这使得王某意识到了潜在的危险，随即向部门领导汇报并对李某进行了警告处理，同时调整了李某的工作岗位。通过加强对风险管理人员的责任意识教育和能力培养，可以有效提升整体的风险管理效率，从而减少风险事件带来的潜在损失。

3. 预见危害

危害是导致严重损失的原因，这个概念不仅包括损失本身，还强调了损失的严重性。虽然不同环境下引起风险事故的具体原因可能有所不同，但这些事故造成的危害通常是相似的，主要是对财产和人员造成的损害。例如，火灾的危害可能由自然因素如闪电引起，也可能由社会因素如纵火或骚乱引发。不管是由哪种因素触发的风险事件，其结果往往是造成重大损失。因此，在风险识别过程中，能够预见潜在的危害至关重要，这有助于及早消除可能导致损害的条件。

4. 重视风险暴露

所有可能遭受损失的资产或个体均存在风险暴露的情况，对此必须给予高度重视。以一块浸满汽油的破布置于家具旁边为例，该破布构成了潜在的风险因素，有引发火灾的可能，若火灾确实发生，那么这幢房子可能面临被烧毁的风险。在这种情况下，房子的损毁与破布之间存在直接的关联。因此，重视风险暴露意味着要关注风险因素与潜在风险事故之间的联系。为了有效识别和管理风险，通常需要从多个方面对风险暴露进行分类和分析。

（1）有形资产风险暴露是指由于风险因素而导致有形资产损失的可能性。例如，一名司机将一桶汽油存放于家中，增加了其家庭财产遭受损失的风险，这属于有形资产的风险暴露。

（2）无形资产风险暴露涉及风险因素可能导致无形资产损失的情况。例如，企业的商标被非法使用，或企业的商业秘密被泄露给竞争对手，均可能导致无形资产的损失。认识无形资产的风险暴露，就是理解这些风险因素与无形资产损失之间的联系。

（3）金融资产风险暴露涉及风险主体持有的如股票、债券等金融资产可能遭受损失的风险。金融资产的价值变动通常与市场环境密切相关，如国际证券市场的波动可能直接影响国内市场，从而影响投资者的金融资产价值。因此，关注金融资产风险暴露，需要深入分析市场变化的因果关系。

（4）责任风险暴露是指由于风险主体的行为导致需承担赔偿责任的风险。这类风险源自法律法规规定的责任，如侵权行为责任或合同责任。例如，企业生产的啤酒瓶在运输过程中出现质量问题导致瓶子破裂，尽管未造成人员伤害，企业仍需关注由此可能引发的责任风险。

（5）人力资本风险暴露是指因风险因素而可能导致人力资本损失的情况。企业投资于人力，包括经理、员工以及其他关键角色如债权人和供应商，他们的安全与健康是组织财富的一部分。例如，操作机械可能对员工造成伤害，在这种情况下，有效的风险管理策略应在保证收益的同时，最大限度减少机械对员工的潜在伤害。值得注意的是，人力资本的损失不仅包括员工的身体或心理伤害，还涉及因伤害导致的利润下降和成本上升。员工的离职和退休也构成人力资本风险暴露，因此，强化员工的安全保障和福利措施是减少人力资本风险的关键策略。

（四）风险识别的方法

风险识别是一个目标导向的过程，它基于对外部因素和内部因素的全面分析，旨在确定企业所面临的风险并编制风险清单。企业可以利用自身及行业内的经验教训及现有的知识和技术来识别风险，而在不同的情境下，不应仅依赖单一的方法或工具。

风险识别的基本方法为风险清单分析法，除此以外，还可以采用其他辅助方法来发现那些可能未被风险清单覆盖的特殊风险，如流程图法、事件树分析法、现场调查法及德尔菲法等。这些方法为风险识别提供了多维度的视角和深入的分析，有助于企业更全面地理解和应对潜在风险。几种风险识别的方法如下所述。

1.风险清单分析法

风险清单分析法涉及专业人员基于经验对所有可能发生的风险和潜在损失进行分类，然后按特定顺序排列成一个详尽的风险清单。这个清单为风险识别人员提供了一个参考框架，以便检查和确认是否存在清单中提到的或相似的风险。此方法要求风险清单尽可能全面，覆盖所有潜在风险，因此风险清单往往较为详细。在使用风险清单时，管理人员通过对照风险清单中的项目来分析风险，根据风险事件可能带来的危害程度，确定处理风险的优先顺序，并采取相应措施。

风险清单分析法的优势在于其操作简便快速，能够帮助用户系统地追踪和检测整个风险管理过程，并允许根据环境变化不断更新风险清单。这种方法的局限性在于，初次创建风险清单以及其更新都较为耗时，并且清单的回收率和质量控制存在一定的难度。风险清单一般包含直接损失风险、间接损失风险和责任损失风险，如表2-1所示。

表2-1 风险损失清单

| | | |
|---|---|---|
| **直接损失风险** | 无法控制和无法预测的损失 | 1. 地震、台风、洪水、干旱、雷击等自然灾害<br>2. 大规模火灾、爆炸等<br>3. 全球性或区域性公共卫生事件<br>4. 极端事件<br>5. 长期停电、交通中断或通讯故障造成的业务瘫痪<br>…… |
| | 可控制和可预测的损失 | 1. 玻璃或其他易碎物品的破裂<br>2. 毁坏：工厂设施的毁坏<br>3. 起始时或过程中的碰撞：飞机碰撞、船舶碰撞<br>4. 污染：液体、固体、气体、放射性污染<br>5. 腐蚀<br>6. 员工疏忽或大意<br>…… |
| | 与财务有关的主要损失 | 1. 员工不诚实：伪造、贪污<br>2. 没收：国有化、充公<br>3. 欺诈、偷窃、抢劫<br>4. 专利、版权、公证的无效<br>5. 库存短缺：无故消失、乱放丢失<br>…… |
| **间接损失风险** | 1. 所有直接损失的影响：供应商、消费者、公用设施、员工<br>2. 附加费用增加：租金、通信费用、产品费用<br>3. 资产集中损失<br>4. 风格、品位、期望的变化<br>5. 破产：员工、管理人员、供应商、消费者、顾问<br>6. 管理失误：市场、价格、产品投资等<br>…… | |
| **责任损失风险** | 1. 航空损失<br>2. 运动责任<br>3. 出版商责任<br>4. 汽车责任<br>5. 契约责任<br>6. 雇主责任<br>…… | |

2.流程图法

流程图法是指将企业的各类经济活动依据其逻辑关系绘制成流程图，目的是对流程中的关键步骤或弱点进行深入调查和分析，从而实现风险识别。流程图法主要包括三个步骤：首先，详细梳理并理解各项业务流程及其关键环节；其次，设计并绘制流程图，通过图示明确其中的风险点；最后，对图中标识的所有风险点进行详细解释，特别是对主要风险点给予重点分析。

流程图法的优势在于其能够简化复杂的生产或业务流程，使风险管理人员更容易理解操作过程中的技术细节，并便于识别潜在的风险点。然而，这种方法也存在一定的局限性，主要是流程图的绘制通常需要具备专业技能的人员来完成，不仅耗时而且成本较高。流程图的准确性对风险的准确识别至关重要，任何不准确都可能导致无法进行有效的定量风险分析，从而无法准确评估风险发生的可能性。

3.事件树分析法

事件树分析法是一种基于逻辑思维规律的分析工具，用于从宏观角度剖析事故的形成过程。这种方法认为任何事故都是由一系列时间顺序上相继发生的事件组成的，每个事件都有成功或失败的可能，且一个事件的发生为后续事件设置了条件。事件树分析法以特定的风险结果为起点，运用逻辑推理的方式，追溯导致风险的各种原因，按照风险事件—中间事件—基本事件的逻辑结构进行。在操作上，事件树分析法首先定义研究目标，然后构建风险因果图，详尽地探讨各风险因素间的相互关系，以此形成对策和行动方案。这种方法能够清晰直观地显示出影响企业目标实现的各种因素及其因果关系，对于后续的风险分析较为有利。但事件树分析法也存在一定的局限性。由于需要大量详细数据和时间进行绘制，此方法容易出现信息遗漏或错误，因此通常只在系统存在显著风险隐患时才采用。

4.现场调查法

现场调查法通过实地观察和分析直接了解企业在生产经营过程中的风险隐患。这种方法能够深入企业的各个活动场所，通过与员工及管理层的直接交流，揭示那些可能被日常操作忽视的风险点。进行现场调查通常涉及周密的准备，包括选择合适的调查时间和对象，并确定参与调查的人数。调查通常借助事先设计好的问卷来进行，确保信息的收集既系统又规范。完成现场调查后，应迅速处理并反馈调查结果，这有助于及时识别并解决潜在问题。

采用现场调查法的优势在于能够获取直接且详尽的一手资料，同时能通过与现场人员的互动加强对风险管理理念的宣传，为未来风险管理措施的实施奠定基础。然而，这种方法也存在一些局限性，如时间和成本投入较大，还可能因为调查的侵入性导致被调查者的抵触情绪。

5.德尔菲法

德尔菲法通过对一组相关专家进行反复的咨询和问卷调查，逐渐达成较高程度的共识，从而精确地识别主要风险因素。这种方式是采用背对背的通信形式，通过多轮问卷收集专家意见，且避免专家直接讨论，有效利用了专家的知识和经验，能够集中众智，同时，参与者在表达自己观点时不受其他人影响，可以自由地提出自己的见解，避免了团体压力和个性冲突。

德尔菲法的主要优势在于能够深入挖掘专家的专业知识，同时保护参与者的思维独立性，其局限性在于过程较为复杂且耗时。在风险管理中，风险识别是基础但又复杂的工作，涉及从经验判断到定量分析等多种技术。鉴于单一方法往往难以完全揭示企业所面临的风险，建议结合多种方法来进行风险识别，这不仅有助于更全面地识别风险，还能有效地分析风险因素，为风险管理提供坚实的理论基础。

## 二、风险分析

风险分析是通过结合定性与定量的方法，在风险识别之后对风险事件的可能性、条件及对目标实现的影响程度进行细致的描述、分析和评估的过程。此过程关键在于确定风险的等级，它为风险应对提供了坚实的基础，使得风险管理策略的制定更加精准有效，避免了盲目和低效的风险应对措施。

### （一）风险分析的概念和内容

1. 风险分析的概念

风险分析是在风险识别的基础上，考虑企业的具体条件（如规模、经营战略等），应用定量和定性的方法来深入分析风险发生的可能性及其对企业目标实现的潜在影响。风险分析可以全面评估风险状况，从而为风险管理策略的制定和选择更合适的应对措施提供科学依据。只有基于客观、充分、合理的风险分析，风险应对措施才能有效，确保达到预期的管理效果。

2. 风险分析的内容

风险分析涉及对风险发生的可能性及其潜在影响的详细评估。在企业中，通常表述为"可能性"和"潜在影响"，而在不同情境下，也可能使用"概率""危害程度""严重性""后果"等术语。"可能性"表示特定事件发生的概率，而"潜在影响"则关注事件发生可能带来的后果。通常情况下，通过对风险的可能性和影响程度进行综合分析，企业可以制定相应的应对策略。

（1）风险发生的可能性分析。在分析风险可能性时，常常基于假设企业不采取任何预防措施的情况下，事件发生的概率。这种分析依赖于收集具体数据和进行专业评估。许多事件的发生概率可以通过统计规律来预测，如抛掷硬币的实验：每次抛掷硬币出现正面的机会是一半，而多次抛掷后，正面出现的频率将趋于50%。这种趋于常数的现象显示了事件的统计规律性，即概率。科学地计算概率涉及使用数理统计的原理，基于实际数据，根据事件的特征运用数学模型如二项分布或泊松分布等进行精确的测算。这些数学工具帮助精确预测风险发生的可能性，从而为风险管理提供定量依据。

风险可能性的分析结果通常分为几种定性描述，如"很少""不太可能""可能""很可能""几乎确定"。对风险发生可能性的定性测评如表2-2所示。

表2-2　风险发生可能性的定性测评

| 序号 | 定性描述 | 详细描述 |
|:---:|:---:|:---:|
| 1 | 几乎确定 | 在多数情况下预期会发生 |
| 2 | 很可能 | 在多数情况下很可能发生 |
| 3 | 可能 | 在某些时候能够发生 |
| 4 | 不太可能 | 在某些时候不太可能发生 |
| 5 | 很少 | 在例外情况下可能发生 |

（2）风险产生的影响程度分析。影响程度分析关注于评估特定风险对目标实现可能造成的负面影响的严重性。风险管理人员需要结合企业的具体特点，运用适当的评估方法来确定潜在损失的程度。通常情况下，这些影响可以被量化，并根据其潜在后果将风险等级划分为"不重要""次要""中等""主要""灾难性"五个级别。对于风险产生的影响程度的评估通常会采用定性的方式，如表2-3所示。

表2-3　风险产生的影响程度的定性分析

| 序号 | 定性描述 | 详细描述 |
|:---:|:---:|:---:|
| 1 | 不重要 | 不受影响，较低的损失 |
| 2 | 次要 | 轻度影响（情况立刻受到控制），轻微的损失 |
| 3 | 中等 | 中度影响（情况需要外部支持才能得到控制），中等损失 |
| 4 | 主要 | 严重影响（情况失控，对企业无致命影响），重大损失 |
| 5 | 灾难性 | 重大影响（情况失控，对企业产生致命影响），极大的损失 |

在执行风险分析时，企业应基于自己的具体情况，采用合适的风险分析方法，无论是定量还是定性地评估各项风险。根据所分析的风险数据，企业需要按照风险发生的可能性与影响程度进行有序排列，区分哪些风险属于主要风险，哪些风险属于次要风险，进而识别出关键风险点。这一过程可为制定有效的风险应对措施提供重要依据。

（3）固有风险和剩余风险。在风险分析中，企业需同时考虑固有风险和剩余风险。固有风险是指在没有采取任何管理措施影响风险可能性或风险影响的前提下，企业所面对的原始风险水平。剩余风险则是指在实施了风险管理措施后仍存在的风险，也就是未被完全控制的风险。确定风险应对策略和措施后，管理层必须评估剩余风险，并确保这些风险处于可接受的范围内。

## （二）风险分析的方法

根据《企业内部控制基本规范》第二十四条规定，在进行风险分析时，"企业应当采用定性与定量相结合的方法，按照风险发生的可能性及其影响程度等，对识别的风险进行分析和排序，确定关注重点和优先控制的风险"。具体过程包括根据风险发生的可能性及其潜在影响对已识别的风险进行深入分析和排序，从而明确哪些风险需要优先被关注和控制。为了提高风险分析的质量和准确性，企业应聘请专业人员组建风险分析团队，并遵循严格的程序来执行风险分析工作。这样的方法不仅确保了风险管理的系统性和科学性，还强化了企业应对风险的能力。风险分析主要包括以下几种方法。

### 1.定性分析的方法

定性分析是风险分析中一种常用方法，它通过描述风险的可能性和影响来评估潜在风险。这种分析方法依赖于分析者的经验判断，并考虑一些非计量因素，从而提供对风险的主观评估。

在风险管理过程中，定性分析通常通过多种工具和技术进行，包括风险坐标图法、问卷调查、集体讨论、专家咨询和人员访谈等。其中，风险坐标图法是一种重要的工具，它能够将不同属性的风险在统计和经验的基础上，通过定量和定性的描述，直观地展示各类风险对企业目标实现的影响程度。该方法通过在平面直角坐标系中描绘风险发生的可能性与影响程度两个维度，形成对风险的视觉呈现。

绘制风险坐标图的主要目的是对众多风险进行比较，确保企业能够根据风险的严重性和发生的概率来制定合适的应对策略。如图 2-2 所示，C 区域的风险既常见又具有较大影响，对此，企业应根据自身的风险偏好和容忍度选择适当的策略来应对。B 区域的风险可能包括不经常发生但影响较大的事件，或者影响不大但发生较为频繁的事件，对此企业在采取预防措施的同时，也需要准备应急计划并加强日常的管理和监控。而 A 区域的风险，由于其较低的发生概率和影响程度，通常被视为在企业可承受范围之内，因此可以选择承担而不必采取额外的控制措施。

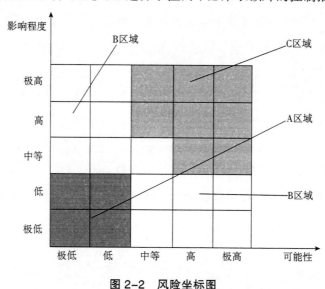

图 2-2　风险坐标图

2.定量分析的方法

定量分析法通过为风险的各个要素及潜在损失赋予具体的数值或货

币量，实现风险结果的量化。常见的定量分析技术包括风险价值法、敏感性分析法、情景分析法和压力测试法等。

（1）风险价值法（Value at Risk, VaR）。风险价值法是一种评估投资组合在规定时间内，在正常市场条件和特定置信水平下可能遭受的最大市场风险或潜在最大价值损失的技术。这种方法综合考虑了损失的规模及其发生的概率，为投资者提供了双重视角：损失的可能大小和发生损失的概率。在应用 VaR 时，假设市场条件正常且有一个明确的置信水平与持有期，可以预测某投资组合在此期间可能遭受的最大损失值。

例如，某投资组合的置信水平设定为 99%，并且持有期限是一天，其 VaR 为 100 万元，这意味着对于持有该投资组合的一天内最大损失为 100 万元的预测有 99% 的置信度，或者说，一天内损失超过 100 万元的可能性仅为 1%。计算 VaR 需要依据的主要信息包括时间跨度、置信水平、投资组合当前市值及未来价值变动的分布特征等。常见的计算方法包括历史模拟法、方差—协方差法和蒙特卡罗模拟法。使用 VaR 方法进行风险管理有几个显著优势：首先，VaR 值以通俗易懂的货币单位（如人民币、美元等）直接表示市场风险的规模，易于理解，使得无须专业背景的投资者和管理者都能够以此评估风险；其次，VaR 方法支持在风险实际发生之前进行计算，提供了一种主动的风险管理方式；最后，VaR 不仅适用于评估单一金融工具的风险，还能有效地评估由多种工具构成的投资组合风险，超越了传统风险管理方法的能力。

VaR 方法不仅用于衡量风险，还能协助企业优化资源配置。通过对企业整体投资或投资组合的风险进行细致评估，决策者可以基于此信息来设定投资的资金限额。进一步地，VaR 限额可以被分配到各个子公司，子公司再将其细分到下属单位。通过设置明确的 VaR 限额，各子公司能够清楚自身能承受的最大风险额度，这有助于防止过度投机行为，确保公司的稳健运营。采用严格的 VaR 管理还可以防止一些金融交易中的重大亏损。

在实际应用中，VaR 成为机构投资者做出投资决策的重要工具。这些投资者使用 VaR 进行投资中的风险评估，将计算得到的风险水平与自身的风险承受能力进行比较，据此决定投资额和策略，从而减少因投资判断错误造成的损失。目前，除了在金融行业得到广泛应用，VaR 方法也被越来越多的非金融企业采用，用以指导对市场风险的分析和量化。

（2）敏感性分析法。敏感性分析法旨在通过量化分析影响目标实现的因素变化，明确这些因素的变化对目标实现的影响及其敏感程度。这种分析方法主要分为单因素敏感性分析和多因素敏感性分析。在单因素敏感性分析中，每次只改变一个因素，保持其他因素不变，来探究该单一因素变化对目标的影响；而多因素敏感性分析则同时考虑两个或多个确定因素的变化，分析这些变化如何联合影响目标的实现。

敏感性分析是评估项目不确定性对结果产生影响的有效定量工具。在实施这种分析时，应首先确定反映项目经济效益最明显的敏感性分析指标。接着，结合项目的特点及以往的经验，选定最可能影响项目效益的不确定因素，如销售收入、经营成本、生产能力和初始投资等。进一步地，分析选定的不确定因素可能的变化范围，如通过设定变化百分比（5%、10%、15% 等）来探索这些因素的变动可能性。最后，通过计算敏感性指标，如敏感度系数和临界点指标，可以精确地反映出项目评价标准对于不确定因素变化的敏感程度，并确定变化导致项目从可行到不可行的具体阈值。

敏感度系数是衡量项目评价指标变化与不确定因素变化之间关系的一个重要参数，表示当一个不确定因素变动一定百分比时，项目评价指标变化的百分比，若比率高说明项目效益对这个因素的敏感性强。计算公式为项目评价指标变化的百分率除以不确定因素变化的百分率。当敏感度系数的绝对值大于 1 时，表明评价指标对因素的变化反应较大，这种因素被视为敏感因素；反之视为非敏感因素。

临界点则是描述不确定性因素变化使项目从可行变为不可行的那个临界值，通常通过比较不确定因素相对于基本方案的变化率或相应的具体数值来表示。临界点的确定和项目设定的基准收益率密切相关。例如，如果基准收益率设定得较高，同一项目的临界点将会相对较低；反之亦然。一个较低的临界点表明项目对该不确定因素非常敏感。

　　（3）情景分析法。情景分析法是一种基于假设未来某种现象或趋势持续存在的前提下，对潜在未来情境进行描述和评估的方法。这种方法通常将各种可能情景的发生概率作为权重，对情景下可能出现的结果进行加权平均，以此来估计项目的潜在风险和收益。情景分析还常与敏感性测试和压力测试结合使用，进行更全面的风险评估。

　　在实施情景分析时，首先需要明确决策事项，涉及基于决策目标和需求来识别需要决策的具体事项，决策事项通常涵盖多种可量化的影响因素和多条可能的实现路径。接下来，全面分析这些决策事项的影响因素，并根据它们的重要性来确定主要影响因素。例如，在进行项目投资风险分析时，影响因素可能包括投资规模、预期的未来资金流和市场利率等。随后，根据这些决策事项设定不同的情景。情景设置应当能够提供有意义的测试环境，便于后续的策略制定。情景通常基于历史数据设定，如选择历史中的最优、最差或标准情况，或者根据特殊历史事件来定义。也可以根据人为假设、专家意见或数据模拟来构建情境。在情景设定后，建立影响因素与决策目标之间的逻辑关系，收集相关数据，并分析不同情景下的总体发展趋势或经济后果，从而制订出针对各种情景的具体应对策略和执行方案。最后，通过详细梳理决策事项、影响因素、情景设定、分析结果和应对措施等，综合评估各个方面，不断优化情景分析的工具和方法。情景分析法可以有效地探索决策发展的多种可能性，减少决策错误给企业带来的负面影响，提高决策的参考价值和实用性。

　　情景分析法的优点在于它能够突出不同发展情景的多样性，并帮助决策者准备应对各种可能的未来。然而，该方法的主要缺点在于其基于的假设情景具有较强的主观性，对数据的准确性和逻辑性有较高要求，这可能影响分析的准确度和可靠性。

（4）压力测试法。压力测试法是一种在极端条件下评估风险管理模型或内控流程有效性的方法，旨在通过模拟极端不利情境来揭示潜在问题并提出改进措施。这种测试关注的是那些发生概率极低但一旦发生可能带来严重后果的极端事件，这与常规的情景分析法所关注的正常规模变化不同。压力测试通常作为概率度量方法的补充，用于捕捉传统模型难以识别的极端风险。

在风险评估中，压力测试通常用于测算在特定的小概率极端事件下可能遭受的最大损失。通过分析如经济急剧衰退、失业率急升或房地产价格暴跌等极端不利条件下的负面影响，对企业的脆弱性进行评估。

进行压力测试时，需要先确定风险因素并设计压力情景，包括选择假设条件和确定测试程序。测试应定期进行，通过分析测试结果来识别潜在的风险点和脆弱环节，并据此采取必要的应急措施和其他改进策略。例如，考虑到房地产市场的不确定性，某商业银行对个人住房贷款进行了压力测试，采用自上而下的压力传导方法，重点考察未偿贷款与房屋价值比率及客户收入偿付比率这两个关键指标，通过建立计量模型，分析了房价、利率变动对个人住房贷款违约率的影响。构建的压力测试情景包括房价下降 15% ~ 25% 和利率上升 0.81 ~ 2.16 个百分点的不同程度，以及城镇居民收入增长预计达到 13% 的情况。

压力测试的优势在于它允许决策者在极端但可能的未来情景中测试企业的反应能力，从而提前准备应对策略，降低突发事件可能带来的风险。该方法的主要挑战在于需要构建合理且全面的测试情景，确保测试结果的准确性和可靠性。

### 三、风险应对

风险应对是建立在风险评估基础之上的一个过程，其中企业根据其风险管理策略及自身的条件和环境因素，选择适当的风险应对策略和具体措施。在对识别的风险进行评估之后，企业需要依据这些评估结果来挑选适合的应对策略，以便进一步实施具体的控制措施。应对策略主要包括风险规避、风险降低、风险分担和风险承受。无论选择单一策略还是组合策略，其核心目标均是将剩余风险降至企业可接受风险水平。

#### （一）风险应对策略的类型

##### 1.风险规避

风险规避是企业为避免风险而采取的一种策略，目的是尽量减少或消除损失发生的可能性，即通过退出可能引发风险的活动来实现。包括终止与不诚信的供应商合作、放弃某些产品生产线、拒绝向风险高的新市场扩展或关闭持续亏损的业务部门。通过这种方法，企业将损失的可能性尽量降至零，这在风险管理中被视为最彻底的控制技术，尽管它是一种相对消极的风险应对策略。

风险规避可以通过几种不同方式实现，包括完全放弃、中途放弃和改变条件。完全放弃是指企业选择不参与任何可能产生特定风险的活动，如一家 IT 公司考虑进入竞争激烈的软件外包市场后，可能决定放弃这一计划。中途放弃涉及在活动中途停止承担某种风险。改变条件则涉及调整生产活动的性质或流程，如一家电子仪器制造商为了降低财务风险，选择分阶段引进生产设备而不是一次性大规模投资引进生产设备。

风险规避的主要优点在于它允许企业从源头上减少风险的发生概率，实现事前控制，防止盲目投资和非理性经营行为，从而节约资源。然而，这种方法也存在一定局限性：企业可能因为完全放弃某些风险活动而错失收益机会，如放弃潜在的盈利投资，况且有些风险如全球经济危机、能源危机或自然灾害是不可避免的。在尝试规避某些风险时，还可能意外引入新的风险，如为规避陆运风险而改用航运，可能会引发航运风险。因此，在决定采取风险规避策略时，企业必须综合考量，权衡其带来的利益与成本，确保所采取的风险管理措施与企业的整体战略和风险承受能力相匹配。

2. 风险降低

风险降低是企业在评估成本效益之后采取的措施，目的是减少风险发生的可能性或减轻风险带来的影响，有时甚至同时达成这两个目标。这种策略被视为一种主动的风险应对方式，它与企业的日常经营决策密切相关，如购置先进的消防设备以预防火灾、定期安排员工健康检查以减少职业病的发生、增加安保开支以保护企业资产。例如，一家股票交割公司在风险评估过程中发现，其系统若超过3小时不可用将对公司运营产生严重影响，难以承受。因此，公司决定投资改进故障检测和系统备份技术，有效降低了系统故障发生的可能性。

风险降低策略的分类方法如下：根据控制目的，可以分为损失预防和损失抑制；从措施执行的时机来看，可划分为事前、事中和事后控制；按照措施的性质，可分为工程控制、教育培训和管理控制。这些策略通常适用于那些企业既不愿放弃也不愿转移的风险，且这些风险仍处于企业可承受的风险容忍度范围内。采用风险降低策略能够使企业在保持业务连续性的同时，有效控制潜在的不利影响。

3. 风险分担（风险转移）

风险分担，通常也称为风险转移，是一种通过将风险的一部分或全部转移给其他方来减轻自身风险的策略。这种做法可以降低风险发生的可能性或减轻其影响，是企业管理风险的一种有效手段。

风险转移的方式主要可分为非保险转移和保险转移，非保险转移又可以分为财务型非保险转移和控制型非保险转移，如表2-4所示。

表 2-4　风险转移方式

| 转移方式 | 具体方式 | |
|---|---|---|
| 非保险转移 | 财务型非保险转移 | 保证、再保证、证券化、股份化等 |
| | 控制型非保险转移 | 外包、租赁、委托、售后租回等 |
| 保险转移 | 保险 | 投保 |

（1）非保险转移

①财务型非保险转移。它是一种通过经济手段来转移经营风险的策略，涵盖保证、再保证、证券化和股份化等多种形式，通过合法的契约关系来确保经营活动中的风险得到适当的管理和分散。

A.保证。保证涉及保证人与被保证人之间的契约，旨在确保保证人履行其义务，以保护被保证人的合法利益。这种安排要求合约双方恪守责任，任何违背协议的行为都可能导致保证的取消或进行必要的调整。

B.再保证。再保证是在保证的基础上，由具有更强实力或更高声望的团体或个人为被保证人提供进一步的承诺，以加强对被保证人利益的保护。通常出现在涉及重大事项的场合，需要额外的安全措施来确保承诺的履行。

C.证券化。证券化则是通过发行金融工具，如可转换债券或双汇率债券等，来实现风险的转移。这种方法不仅满足了投资者和筹资方的利益，而且通常是一种双赢的风险管理方式。

D.股份化。股份化通过发行股票的方式将企业的风险分散给众多股东。这种方式虽然可以分散初始股东的风险，增强企业的抗风险能力，但实际上并未将企业的运营风险转移到外部，而是将其转移到更广泛的股东群体。

②控制型非保险转移。通过法律和契约手段将损失的财务和法律责任转移给他人，以此降低企业自身的风险负担。这种风险管理策略包括

多种实践方法，如外包、租赁、委托及售后租回等，每种方法都有特定的应用场景和优势。

A. 外包。它又或称分包、转包，涉及将非核心业务及其控制权交由其他企业或机构承担，特别是那些风险较高且收益相对较低的业务。这不仅帮助企业集中资源做强核心领域，还将相关风险转移给专业的第三方。

B. 租赁。租赁则允许企业通过签订合同，将有形或无形资产的使用权转让给承租方，而所有权并未转移。承租方承担资产的购置或维护风险，而企业则通过支付租金的方式使用这些资产，有效地将特定资产相关的风险转移出去。

C. 委托。在委托操作中，企业将部分资产交由受托方管理，并签订委托合同。这种方式通常包括明确条款，确保受托方在资产受损时负有赔偿责任，从而将潜在损失的风险转移给受托方，而委托方支付的保管费用则为此服务的代价。

D. 售后租回。售后租回是一种融资和风险管理策略，是企业通过将资产出售并租回的方式，解决短期资金需求，并减轻拥有这些资产可能带来的风险。通过这种操作，出售后的资产风险转移到购买方，企业通过租赁继续使用这些资产，同时保持业务的连续性。

（2）保险转移

保险转移是企业通过签订保险合同，将潜在的风险转移给保险公司的一种策略。在这个过程中，企业支付一定的保险费用，以换取保险公司在风险实现时提供的经济补偿。这种做法使企业能够对那些无法直接控制或通过其他手段难以管理的风险进行有效的转移，特别是当企业面对内外环境变化导致的不确定性时，保险提供了一种稳固的风险管理工具。在企业进行保险转移后，保险公司可进行再保险。再保险是保险行业内部的风险转移机制，允许保险公司将接受的风险的一部分转移给其他保险实体。通过这种方式，保险公司能够管理其风险敞口，确保在面对大规模索赔时能够保持财务稳定性。再保险合同使得风险在更广泛的范围内分散，从而增强了整个保险行业对风险的承受和应对能力。

（3）非保险转移与保险转移的比较

非保险转移与保险转移的比较如表2-5所示。

表2-5　非保险转移与保险转移的比较

| 项目 | 非保险转移 | 保险转移 |
|---|---|---|
| 优点 | 1.适用对象广泛，纯粹风险与投机风险、可保风险与不可保风险均适用<br>2.直接成本低<br>3.操作手法灵活多样 | 1.合同条款经过严密的审核<br>2.保证系数大、重大事项的投保，可能有再保险的保证<br>3.损失保证相对确定 |
| 局限 | 1.由于受让人能力限制，操作和面临损失时，存在一定的不确定性<br>2.有关法律许可的限制<br>3.对合同条文理解的差异，有时会引起经营效率和效果问题 | 1.受到合同条款的严格限制<br>2.费用相对较高 |
| 使用条件 | 1.以双赢为目的的合作关系<br>2.契约当事人对相关内容必须理解，争取达成共识<br>3.受让人有能力并愿意承担财务和法律责任 | 保险机构规定的业务事项 |

4.风险承受

风险承受是企业在评估特定风险并权衡成本效益后决定不采取额外控制措施的策略。这意味着企业选择自行承担风险发生时的潜在损失，尤其是在风险转移成本高于直接承受损失的情况下。例如，如果购买水灾保险的成本高于预计的水灾重置成本，企业可能选择不购买保险，直接承受可能的水灾损失。

风险承受分为非计划性和计划性两种形式。非计划性风险承受往往是无意中的，可能源于对风险的识别不足、评估过程中的轻视或风险决策的延迟。相对地，计划性风险承受是预先考虑和有所准备的，涉及在风险管理计划中明确留存一定风险，并在风险发生时迅速启动应急计划。这种方式的核心在于预设风险自留水平和损失支付方式，通常通过从企业的资金流中划拨、建立紧急基金或风险准备金等方式来填补可能的损失。

在选择风险承受策略时，企业应考虑自身的风险承受能力和相较于其他风险管理策略，风险承受的经济合理性。这要求评估风险的发生概率、潜在损失的大小以及企业的财务稳健性。此外，企业还需考虑风险的不确定性可能带来的额外损失，这在某些情况下可能对企业的持续运营构成威胁。

风险承受策略使企业能够在评估成本效益后选择自行管理风险，直接避免了许多费用支出，如高额的保险费用。此策略不仅能提高企业对损失控制的警惕性，激励企业减少损失的发生概率和严重程度，而且在损失发生前允许将节省的应急资金用于其他经营活动，从而可能带来额外收益。同时，自行承担风险让企业能更快地处理突发事件，加快生产恢复的速度，避免保险理赔可能导致的延误。尽管如此，风险承受策略也存在不足。在面对自然灾害等重大风险事件时，企业可能因直接承担巨额风险损失而面临财务压力。此外，内部管理风险可能引发员工关系紧张，尤其是在处理福利补偿问题时，可能使员工感到不公平，影响工作效率和企业形象。这种内部压力在通过保险公司处理时可以得到一定程度的缓解，因为保险提供了一个中立的处理标准。

## （二）选择风险应对策略时应考虑的因素

根据《企业内部控制基本规范》第二十七条的要求："企业应当结合不同发展阶段和业务拓展情况，持续收集与风险变化相关的信息，进行风险识别和风险分析，及时调整风险应对策略。"不同的业务或事项需采用相应的策略，并根据情况的变化在不同时间段内调整应对措施。此外，针对同一业务或事项，企业也可以在同一时期内结合使用多种风险应对策略，以达到更好的风险管理效果，确保企业能够灵活应对内外部环境的变化，维持其业务的稳定与成长。

1.注意权衡风险应对的成本效益

在实施风险应对策略时，企业应首先评估所选方案的成本效益。在资源受限制的情况下，企业不应追求完全消除风险，因为大多数风险是不可能完全避免的。过度控制并寻求将风险降到极低水平并不符合成本效益原则，而应将风险控制在企业可接受的水平。囿于内部控制本身的限制，完善的控制措施无法完全杜绝错误和弊端。对此，企业应优化现有制度，提高自身执行力和增强自身监督效果，通过系统化和规范化的管理方法来减少风险应对成本。

2.注意风险应对的效率、效果

企业需考量风险应对的效率和经济效果，确保所采取的措施与企业的风险管理战略和风险容忍度相匹配。在设置风险管理策略时，企业应根据业务的特点确定风险偏好和可承受的最大损失限额，从而设定风险预警线和相应的应对策略。对于那些不可避免的风险，应制订详尽的解决方案或紧急预案，分配必要的资源，明确责任分配，并定期进行演练以确保应急措施的有效性。当现行的风险应对方案已达效用极限，且进一步改进只能微小地影响风险潜在后果或可能性时，企业需要通过创新思维来开发新的风险管理策略。

3.注意均衡风险和机会

在风险管理中，企业需要有效平衡风险和机会。风险可能带来负面或正面的影响，有时甚至是两者兼具。管理的核心目标应是尽量减少负面影响同时最大化正面影响。企业必须正确理解风险与机会之间的平衡，不仅要防范和管理风险，还应积极寻求并把握机会，应避免一味追求利益而忽略潜在风险，也不应因过度规避风险而错失发展的机遇。

4.注意风险之间的关联

企业在评估和选择风险应对策略时，应考虑不同风险之间的相互关联性。这种全局观有助于选择颇具成本效益的综合应对措施，确保风险管理的整体性和高效率。

5.高层管理者应注意风险组合观念

通常情况下，各责任单位会从其业务单元、部门或岗位的视角独立分析和应对风险。然而，高层管理者需要从企业总体的角度审视和确定风险应对策略，确保整体的剩余风险处于可接受范围。尽管各单元的风险可能在各自可接受的范围内，但在企业层面，这些风险的累积可能超出企业整体可承受的界限。在这种情况下，需要额外的或不同的策略来保证企业整体风险维持在可接受的水平。

# 第三章　信息时代企业投资风险管理

## 第一节　企业投资风险管理的内容

　　企业的投资可以分为对内投资和对外投资，其中每种投资方式都有独特的风险和管理需求。对内投资主要涉及固定资产的购置和升级，如工厂建设、机器购买和技术更新。在这些投资决策中，一个常见的问题是企业对项目可行性的分析不够周密和系统。这通常是由决策过程中依据的经济信息不全面或不准确所致。错误的投资决策可能导致项目不能达到预期收益，投资回收周期延长，甚至投资本金无法回收，从而给企业带来显著的财务压力和财务风险。在对外投资方面，企业面临的挑战往往更加复杂。在进行对外投资时，许多企业的决策者可能缺乏对投资风险的充分认识，导致盲目投资。这种投资往往涉及跨行业或跨国界，涉及因素更为广泛，包括外部市场的不确定性、政治和经济环境变动、汇率变化等。不充分的风险评估和投资决策可能导致巨大的经济损失和财务风险。

　　投资风险描述了企业在投资活动中面临的无法实现预期目标的可能性，这种风险通常受到各种不可预测或不可控因素的影响。理解不同类型的投资风险对企业制定有效的风险管理策略至关重要。

投资风险根据其分散性分为可分散风险和不可分散风险。可分散风险也称为非系统风险，主要与单一投资项目或特定行业相关，如管理失误、市场需求估计错误等。这类风险通常可以通过投资组合多样化来降低。例如，企业可以通过在不同行业或不同地理区域的项目中分散投资来减少单一市场或行业的不利影响。不可分散风险也称为系统风险，是由宏观经济因素如政策变化、经济周期、汇率波动等引起的，这些因素影响整个市场，难以通过分散投资来避免。

投资风险根据投资对象的不同，可以分为金融投资风险和实业资本投资风险。金融投资风险涉及使用金融产品作为投资载体，在投资过程中可能面临的收益不达标的问题。这类风险包括市场价格波动、信用风险、流动性风险等，影响企业通过金融市场实现的收益。与之相对的是实业资本投资风险，它与企业在具体的生产经营和外部合作中所进行的投资相关联，如新厂房建设、新技术开发或新产品市场推广。这类风险涉及项目本身的运营效率、市场接受程度以及合作方的可靠性等方面，是影响企业长期稳定发展的关键因素。

企业面对这些投资风险时，需要建立系统的风险识别、评估和控制机制，包括对投资环境的持续监控、风险预警系统的设置、及时的风险评估和决策调整。此外，企业还应考虑风险管理不仅是防范潜在损失，更是寻找风险背后的机遇，通过科学的投资决策过程，积极应对市场变化，利用市场波动中的机遇，实现风险与收益的最优平衡。

## 一、投资风险的识别

在企业投资活动中，风险管理成为确保财务健康与促进长期发展的关键。投资过程本质上涉及多种风险因素，包括产业结构的变化、投资决策的质量、执行过程中的效率，以及投资完成后的经营环境。企业必须对这些不同的风险来源有清晰的认识，并采取有效的措施以确保投资的科学性和合理性。

在投资活动中，首先需要关注产业结构风险，涉及宏观经济和特定行业的波动，如市场需求的变化和技术革新等外部因素，这些可能影响投资的可行性和收益性。同时，投资决策的质量直接关系投资成功与否，基于不完整或不真实信息做出的决策往往导致不良后果。即便决策合理，执行中的失误，如项目管理不善或成本控制失败，也能引入风险，增加企业的财务负担。

投资完成后，市场的不确定性可能导致实际收益未达到预期目标。对于金融投资与实业资本投资，它们虽有不同的风险特点，但彼此相互影响，一个领域内的风险可能通过资本和现金流的关联影响另一个领域。因此，企业在投资前需深入分析金融市场和实业市场的相互作用。针对投资风险的管理，企业需要采用综合的风险管理策略，包括通过多样化投资组合来分散风险，利用金融衍生工具对冲潜在的市场风险，以及定期进行风险评估和审计，确保风险处于可控范围内。

## 二、投资风险的评估

对投资风险的有效评估是确保企业资金安全和投资成功的关键步骤。评估过程不仅涉及对投资环境的全面分析，还包括对风险概率和潜在损失的精确计算。

### （一）分析、评价投资环境

投资活动发生在一个多维度的环境中，包括政治、经济、政策、地理和技术等因素。这些因素不仅影响投资的直接回报，还决定了投资的稳定性和风险水平。例如，政策的变化可能突然改变行业的盈利模式，技术的进步可能使某些投资项目过时，而经济波动则直接影响资金成本和投资回报。因此，对投资环境的深入了解和分析是进行风险评估的第一步。

投资环境中的任何变化都可能同时带来机会和威胁。这种动态关系意味着投资决策必须基于当前的环境状态，并随时准备调整策略以应对快速变化的情况。投资机会常伴随着风险，而风险本身在某些条件下也可能转化为机会。例如，市场下跌可能是购入资产的良机，而市场上涨则可能增加资产价格，提高投资成本。一旦投资环境分析完成，接下来的步骤是量化识别出的风险，涉及评估风险发生的概率和可能造成的损失。风险评估可以采用各种数学模型和统计工具，如概率论和风险模型，来预测不同风险因素对投资结果的可能影响。通过这种方式，企业可以制定更加精确和实用的风险管理策略。完成风险的测量和评估后，企业需要进行系统的风险评估，不仅包括单一投资的风险分析，还应考虑整个投资组合的风险敞口。系统风险评估有助于企业把握投资的风险程度，确保所有投资决策符合企业的风险承受能力和长期发展目标。

## （二）科学预测投资风险

投资活动涉及长期的资金配置和资源管理，因此，进行科学的预测和分析对于确保投资回报和降低潜在风险至关重要。在投资前，企业需要深入分析和预测可能遭遇的各类投资风险，包括市场风险、信用风险、流动性风险等，以及这些风险可能导致的经济后果。

科学预测投资风险的过程包括全面评估投资环境的变化，如宏观经济趋势、行业发展状态、政策调整及技术进步等因素，这些因素可能直接或间接影响投资的表现和安全。通过对这些外部变量的综合分析，企业可以更准确地识别出潜在的风险点。除了外部环境的评估，科学预测还需考虑企业内部的投资决策过程和资源配置的合理性，不科学的决策过程和资源配置失误是导致投资失败的常见内因。因此，建立一个基于数据和实证分析的决策机制，对预测结果进行反复验证，是提高预测准确性的重要步骤。基于这些分析和预测，企业应制定相应的风险防控措施，如投资多元化、风险对冲策略、紧急资金储备等，以提高企业对不确定因素的应对能力。

### （三）进行可行性分析，使投资决策科学化

投资决策的科学化是确保企业投资成功、效益最大化的基石。为了实现这一目标，企业必须采用系统的方法对投资项目进行全面的可行性分析，这不仅涵盖技术和经济层面，还需要考虑市场环境、法律法规、社会影响及潜在风险等多个方面。

进行投资决策的科学化需要利用先进的分析工具和方法，如财务建模、市场调研、SWOT 分析等，这些工具能够帮助企业对项目的收益潜力和风险因素进行量化评估。技术评估涉及项目的技术可行性，包括技术的成熟度、操作的复杂性及与现有技术的兼容性等。经济评估则关注项目的成本效益分析、投资回报率，以及资金的流动性和稳定性。进行可行性研究时，企业还需要对投资环境进行深入分析，包括行业发展趋势、竞争状况、供应链稳定性，以及政治和经济政策的变动等，这些外部因素直接影响投资项目的成功概率和风险程度。

### （四）分析投资收益和风险的关系

在市场经济中，投资活动的本质是资本的运用以实现增值，而这一过程总是伴随着风险。从投资的基本原理来看，收益与风险之间存在着不可分割的联系：期望收益越高的投资项目，其相关的风险也越大。这种关系反映了市场的风险补偿机制，即市场愿意为承担更高不确定性的投资者提供更高的潜在回报作为补偿。理解并有效管理收益与风险的关系是投资成功的关键。投资者在进行投资决策时，必须首先评估自己的风险承受能力，涉及对资金的流动需求、投资期限及个人或机构对未来不确定性的心理承受程度的理解。在明确了自身的风险容忍度之后，投资者需要寻找那些在可接受风险范围内能够带来更大收益的投资机会。

投资者应采用多种策略来平衡收益与风险，包括投资组合的多样化，通过投资不同类型的资产来分散风险；使用风险管理工具如期权和

期货对冲市场风险；实时监控市场变化和投资表现，以便及时调整投资策略，应对市场波动。最终，投资决策应基于深入的市场分析和准确的风险评估。不仅需要对历史数据进行统计分析，还需要对市场趋势的敏锐洞察和前瞻性思考。通过科学的方法来衡量每一次投资的潜在收益与风险，投资者可以更加理智和稳健地进行资本配置，从而最大化投资回报，同时控制并减少可能的损失。

### （五）分析、评价投资机会的选择

在投资活动中，正确地评估和选择投资机会是关键步骤之一。投资者在对投资环境进行细致的调查和分析后，通常会识别出多种潜在的投资机会。然而，并非所有机会都适合每一个投资者，因为每个机会的实现都需要相应的资金投入，而资金的规模和可用性在很大程度上决定了投资者能够承担的风险和实施的投资策略。因此，投资者在考虑投资机会时，必须实事求是地评估自己的资金实力，包括分析可用资金的量、预估投资回报和潜在风险。此外，投资者还应考虑资金的流动性需求，避免因资金紧张而错失其他优质投资机会或在紧急情况下遭受损失。

### （六）投资风险评估结果

投资风险分析评价的目的在于判断投资风险是否处于可接受的范围。在评价过程结束后，根据风险评估结果，投资者通常会面临两种情况。第一种情况，投资的风险超出了投资者可接受的水平。这种情况下，如果风险超过了预设的安全阈值，投资者应该立即采取行动。对于风险极高的项目，最直接的做法是停止或取消投资项目，从而避免可能的重大财务损失。如果项目的整体风险超标但超出的幅度较小，投资者可以考虑实施挽救措施，如调整项目结构、优化管理策略或引入风险对冲工具，以降低风险到可接受水平。第二种情况，项目的整体风险在可接受范围之内。在这种情况下，投资者不需要对原有项目计划进行大的调整，但这并不意味着可以完全放松对风险的关注，相反，投资者应继续对已识别的风险进行严格的监控，并且通过深入调查不断寻找可能未被识别的风险。此外，针对已经识别的风险，需要定期进行风险评估，以监控风险的变化趋势和潜在影响。必要时，还应采取适当的风险规避措施，如投保、套期保值等，以进一步降低风险暴露。

## 三、投资风险的控制

### （一）构建投资风险预警系统

在当今多变的市场环境中，企业投资活动不可避免地面临诸多风险，因此构建一个有效的投资风险预警系统成为确保企业投资成功的重要工具。此系统通过收集和分析企业相关信息，利用定性和定量方法，及时识别和预测企业投资过程中可能出现的潜在风险，从而提前发出警示，帮助企业采取措施预防或减轻风险。

企业投资风险预警系统的主要功能包括监测企业投资运营状况、收集各类投资信息及控制潜在的投资危机。这种系统能够有效地辨识风险的来源（警源）和风险的先兆（警兆），为企业提供制定防范措施的依据。例如，通过监控关键经济指标和市场动态，企业可以及时发现影响投资回报和安全的因素，进而采取相应的风险管理策略。风险预警指标的设置是预警系统的核心，应遵循可行性、时效性、稳定性、灵敏性、重要性和超前性六大原则。这些指标不仅应覆盖项目的未来发展能力、安全性、盈利能力、运营效率和投资结构等关键方面，还应根据企业特定的市场和行业状况进行制定。通过这种方式，企业能够更精确地把握投资风险，提前做好准备。企业在确定预警值时，可以采用比照经验法和行业平均法。比照经验法是基于企业历史数据和过往经验来设置预警阈值，而行业平均法则依据行业平均水平来确定预警值的置信区间，这有助于企业理解自身的投资项目与行业标准的偏差程度，从而更准确地进行风险评估。

### （二）分阶段进行投资风险管理

在企业投资过程中，进行有效的风险管理是至关重要的，它要求企业在投资的各个阶段采用不同的策略和方法来应对可能出现的风险。管理这些风险需要企业对投资准备、实施及生产经营的每个阶段都进行细致的分析和规划，确保每一步骤都在风险可控的范围内推进。

在投资准备阶段，企业尚未开始实质性的资金投入，主要任务是进行投资项目的可行性研究。这一阶段的风险管理焦点是确保所有投资决策基于充分的信息和科学的计算方法，通过财务收益的测算，企业需要对未来可能遭遇的风险进行精确的评估，基于这些评估，企业应策划出有效的风险缓解、回避和转移措施，并制订针对突发情况的应变计划。

进入投资实施阶段，随着投资资金的实际支付和项目建设的进行，企业需要关注的风险点转向建设过程中的潜在损失、投资总额的控制及工程质量的保证。此阶段，合理规划机器设备和建材的采购，优化材料消耗，实施严格的质量检验与验收制度，以及建立完善的项目记录，都是减少风险、确保项目按计划完成的关键措施。

在投资后的生产经营阶段，当投资活动已经结束，企业进入正常的运营周期，风险管理的重点转向确保投资收益的实现和企业资产的保护。这一阶段，维持企业的资产安全和盈利能力至关重要。实施风险保险、对经营和财务风险采取预防策略，以及不断监控市场和内部运营状况，都是保障企业长期稳定发展的必要措施。

### （三）采用多种投资风险管理方法

企业可采用多种投资风险管理方法，具体可参考以下几种。

1.盈亏平衡分析法

此方法探究在盈亏平衡点，各经济变量如何相互作用，并分析销售量的变动如何影响投资收益，从而确定实现不亏损所需的最低销售额。盈亏平衡分析能够帮助企业把握市场需求与盈利能力之间的关系。若预测的市场需求高于盈亏平衡点，则可以视为投资较为安全；若预测需求与盈亏平衡点相近，则需在做出投资决策时更为谨慎，避免因估算错误而使企业遭受损失。

2.组织结构图分析法

此法用于企业风险识别，其优势在于展示关键业务如何影响企业的投资决策。组织结构图涵盖的主要元素包括企业的业务性质与规模，不同部门之间的关系及依赖程度，企业内部划分的独立核算单位，企业关键人物的角色，以及任何可能加剧风险的企业弱点。组织结构图分析法帮助企业在投资前识别和评估潜在风险。

3.流程图分析法

流程图以直观连贯的方式展现经济活动的全过程，主要用途是识别经济活动中的关键环节，即那些一旦出现损失就可能导致整个活动失败的关键点。然而，流程图分析的限制在于它只能显示风险存在与否，而无法估计潜在损失的概率和规模。

4.核对表法

在生产和经营过程中，企业面临众多影响因素，使用核对表可以系统地列出企业可能遭遇的风险及其成因。这种方法为管理层做出投资或管理决策时提供参考，使他们能够清楚地了解投资项目的具体情况和潜在风险，从而采取相应防范措施。核对表的内容丰富，可包括项目历史的成功与失败原因、产品和服务的详细说明、资金筹措情况，以及项目实施时的宏观和微观环境等信息。

5.经验、调查和判断法

企业通过进行主观的调查和判断来识别潜在风险。例如，进行市场调查以收集关于国家产业政策、投资地区的经济状况和人口增长率等信息。利用德尔菲法，通过多轮征询专家意见来达成对风险识别的共识。

同时，通过组织专家会议，让风险管理专家集中讨论，从而识别投资过程中可能遇到的各种风险。此方法帮助评估投资市场中潜在损失的可能性。

6.决策树分析法

此方法通过图表展示投资项目的现金流变化，特别适合用于需要在项目周期内做出多次决策（如是否追加投资或放弃项目）的情况。决策树分析法可帮助投资者在不同阶段和不同情境下，预见未来可能的财务结果，从而作出更为明智的投资决策。

7.敏感性分析法

此方法分析投资项目在其生命周期内，关键影响因素（如投资期限、市场利率、宏观经济环境等）变动时对项目现金净流量和内部收益率的影响。通过敏感性分析，管理层能够识别对企业投资回报影响较大的变量，并评估这些因素对现金流和收益率的具体影响，从而有效识别和控制潜在风险。

8.动态风险监视方法

动态风险监视方法涵盖了用于监控与产品相关风险及过程风险的不同方法。其中，审核检查法和费用偏差分析法是监视过程风险的常用方法，这些方法通过定期的审查和成本分析，帮助企业实时监控风险水平，及时调整控制措施，以保持风险在可管理的范围内。

**（四）投资风险的具体控制**

根据风险的发生特性和规律，企业应进行系统的风险控制，制订风险管理策略和处理方案，合理规划投资执行过程，并有效管理关键风险点，以最小的风险管理成本，实现最优的投资安全战略。

1.职责分工

企业需要建立明确的岗位责任制度，确立各部门及岗位的职责和权限，实行投资职务的分离与监督。

2.投资可行性研究、评估与决策控制

企业应强化对投资项目的可行性研究和评估控制，明确投资建议书的提出、可行性分析和评估以及决策过程的具体规范，确保投资决策的合法性、科学性和合理性。

3.投资执行控制

企业需要制订详尽的投资执行计划，包括资金的投放时间、金额、资金来源及负责人。对外投资的实施方案及其任何变更均需通过企业董事会或其授权人员的审批。在涉及合同签订的投资业务中，企业应先征询法律顾问或相关专家的意见，确保所有合同条款符合法律规定，并在获得授权部门或人员的正式批准后进行签署，确保投资实施的合规性和安全性。

4.投资处置控制

企业在进行投资处置时，如资产的收回、转让或核销等，必须严格遵循控制程序。企业应明确设立投资决策和授权批准的流程，包括详细的步骤和责任人，以确保处置活动的透明度和合规性。同时，企业应加强投资处置环节的监督管理，以有效地降低不必要的风险和损失，保障企业资产的安全和增值。

5.投资风险控制措施

在面对投资项目的风险时，企业可以采取多种策略来规避和控制风险。这些策略包括风险回避，即在预见到高风险时放弃投资决策；风险控制，即通过改善管理和加强监督降低风险发生的可能性；风险转移，即通过保险或与其他企业的合作分散风险；风险自留，即自行承担一定程度的风险，以获取相应的收益；后备措施，即制订应急计划以应对潜在的风险事件。

6.风险控制计划

在完成风险分析之后，为了将风险水平降至最低，需要制订一个详尽的风险控制计划。这一计划根据不同的投资项目有所差异，但基本内容如下：识别所有潜在的风险来源及其中的具体风险因素；明确关键风险点并说明这些风险对实现项目目标的可能影响；对识别的关键风险因素进行详细评估，包括风险发生的概率和潜在的影响力；评价已考虑的风险规避方案及其成本；提出风险规避策略，包括对每一风险的具体应对措施；整合各项规避计划，并在考虑风险相互作用的基础上，制订其他可能的风险规避方案；综合评估项目的风险形态、风险管理计划和风险规避计划，形成全面的风险控制策略。

7. 投资风险控制的原则

投资风险是企业不可避免的一环。为了最大限度地减少和避免风险，企业的投资风险控制应遵循特定原则。企业运营常伴随风险和不确定性，因此在进行长期和短期投资时采用谨慎原则，并不代表消极保守，而是在确保运营均衡与稳定的同时，保持财务管理的适度灵活性。

## （五）投资风险管理的误区与克服方法

在企业投资实践中，存在的误区有很多。比如，盲目跟风投资项目，过分扩大投资规模，资金投向陌生领域，忽视产品品质，轻信高科技及迷信专家，投资合作伙伴选择不当，短期借款使用不当，过分依赖财务报表等。这些投资误区受到不同因素的影响并因企业而异，并非无法避免。

1. 未来市场导向的投资决策

投资者在制订投资方案时应避免盲目跟风，必须综合评估投资风险并进行充分的前期准备。市场环境不断变化，盲目模仿他人容易使企业陷入风险。因此，投资者应洞察未来市场需求，做出有策略的投资决策，把握合适的时机，将目光投向长远的市场发展，以实现精准有效的资金布局。

2. 控制合理的投资规模

企业在进行投资时应根据风险与收益的平衡原则，选择与企业发展阶段和实力相匹配的投资项目，并适度控制投资规模。建议分阶段注资，避免一次性投入过多资金，从而有效管理投资风险，并为应对可能的市场变动保留充足的现金流和调整空间。

3. 投资熟悉的领域

企业在跨行业或进入现金流新领域投资时面临较高的入行门槛和风险，应将资源集中在自身具有竞争优势的领域。投资熟悉的行业或已验证的业务模式可以减少不必要的风险，提高资金的使用效率，确保投资决策的精准性和成功率。

4. 灵活的经营和投资策略

企业应将经营智慧、产品质量和技术创新作为发展的核心，积极推进创新型投资计划，不断增强企业的市场竞争力。投资者还需培养危机意识，避免急功近利的行为，从企业的长远利益出发，将投资活动视为一项全面的系统工程，通过持续的创新和优化，推动企业可持续发展。

5. 评估项目的适用性并有效利用专家资源

在涉足高科技项目投资前，企业必须进行全面的科学比较和分析，以判断该项目是否符合投资目的、是否可行，以及能否为企业带来实际利益。在选择专家过程中，应采取严格的评审和筛选机制，并对专家意见进行监督和分析，以确保其专业建议的客观性和适用性。通过充分发挥专家的专业能力，企业可以有效减少进入投资误区的风险，从而提高投资决策的质量。

6. 选择实力匹配的合作伙伴

在选择合作伙伴时，企业应考虑与自身实力相匹配的伙伴，以维持合作关系中的平衡和自身的决策权。合作应基于力量平衡，确保双方在投入的努力和责任上大致相等，这样做不仅可以保护企业的核心利益，还能显著降低由力量不对等引起的投资风险。

7. 明智安排投资资金的用途

企业在财务管理中应避免使用短期借款进行长期固定资产的投资，

这种做法会增加财务风险并可能干扰企业的日常运营。应确保充足的流动资金支持，维持企业的财务健康和业务连续性。

8.客观分析财务报表

在投资决策过程中，企业应客观对待财务报表的分析，通过详细审查财务报表内容来识别潜在的财务问题和机会。虽然财务报表是决策的重要工具，但是企业应辨别其真实性和可靠性，以避免基于误导性信息做出决策，确保企业能从投资中获得预期的收益并降低风险。

# 第二节　项目投资风险管理

## 一、项目投资风险的识别

项目投资涵盖广泛的内容，具有较长的投资周期和单次性任务的特性，通常要求大额资金投入。这种经济行为对企业的影响深远，其成果在很大程度上决定了企业的未来发展。项目的复杂性和涉及的广泛领域使得其风险水平较高，其中风险主要源于随机因素的不确定性，这些因素可能导致项目的实际成果与预期目标之间存在显著差异。理解项目投资风险涉及评估这些差异的程度及其发生的可能性，从而为企业制定更为周密的风险管理策略提供依据。

### （一）环境风险

环境风险包括自然环境、政治氛围、法律体系及经济状况等方面的变化，对项目执行构成潜在威胁。这些风险通常客观存在且难以由企业直接控制，但仍需企业采取预防措施和应对策略。在制订项目计划时，企业应综合考虑这些外部因素，实施灵活的策略以应对可能的政策和环境变动，确保项目能够适应不断变化的外部条件，从而减少不利影响的发生，保障项目顺利进行。

### （二）公司特有风险

公司特有风险，也称为公司风险，体现了企业在多项目投资中所面临的特定挑战。这种风险与公司投资策略的多样化程度及其对企业收益波动的影响有关。通常，这类风险可以通过衡量公司资产预期回报率的波动性来评估。多项目投资虽然增加了风险分散的可能，但可能因项目间相互依赖和影响而产生的新风险。

### （三）项目特有风险

项目特有风险，亦称单个项目风险，关乎投资项目本身固有的不确定性。该风险主要表现为项目未来收益的实际结果与期望值之间的离散程度，通过项目收益的标准差进行衡量。在项目投资的准备阶段，决策失误、利率变动、通胀和汇率波动均可能导致风险产生。在项目执行过程中，设计和勘探的误差、费用超支或资金短缺以及进度延迟等因素增加了项目实施的不确定性，每一环节的小失误都可能引起大的偏差，进而影响整个项目的成本和进展。至于项目完成阶段，主要的挑战是实现预期的投资收益，项目是否能够达到其经济目标成为衡量投资成败的关键。

## 二、项目投资风险的评估

项目投资风险评估的核心目的是预见和量化潜在风险，评估其对项目可靠性、稳定性的影响以及不确定因素可能对经济效益造成的损害。

### （一）盈亏平衡分析

盈亏平衡分析是项目风险评估中常用的工具，它涉及对项目的成本、收入、利润以及其他财务数据的全面分析。这种分析帮助决策者确定产品定价和其他关键经营决策，以确保项目在不触及盈亏平衡点的情况下不会造成财务损失。

## （二）敏感性分析

敏感性分析专注于评估不同变量变动对项目的净现值和内部收益率等关键经济指标的影响，目的在于揭示这些变动因素如何影响投资决策的关键财务指标，并识别出那些对项目财务表现较为敏感的变量。敏感性分析不仅计算这些因素变化时对经济指标的具体影响，还探讨这些变量变动的极限情况，从而为投资者提供在极端情况下项目可持续性发展的参考。

## （三）情景分析

情景分析，也被称为剧情分析或方案分析，关注于深层经济因素的变化及其对关键变量的综合影响。通过评估不同情景下项目净现值的变动，清晰地揭示项目的潜在前景，从而避免基于不全面的信息做出投资决策。

## （四）蒙特卡罗模拟

蒙特卡罗模拟作为一种计算机模拟技术，通过模拟经济活动中的不确定性和随机性，探索其对项目经济指标如净现值的影响。这种仿真实验依据随机变化的概率分布，提供关于项目可行性的定量分析，从而支持更精确的投资决策。

## （五）统计分析

在项目评估中，统计分析方法如层次分析法和因子分析法也发挥了重要作用。这些方法通过系统地分析各因素的重要性及其对项目成功的贡献，帮助决策者识别并优化关键投资变量。

## （六）概率分析

概率分析则专注于评估单一资产的风险和收益。通常情况下，资产的预期收益用其期望值表示，而风险则通过计算收益的标准差来衡量。

## （七）无差异曲线

无差异曲线则表达了人们对风险的态度，即风险厌恶程度。人们对于承担相同级别的风险，所期望的补偿随着他们的风险厌恶程度增加而增加。

# 三、项目投资风险的控制

在项目投资中，有效的风险管理是确保成功的关键。分析项目投资的风险并制定相应的管理策略是控制潜在损失的基础。

## （一）环境风险管理

对于环境风险，关键在于持续更新和收集相关信息，并基于这些数据进行科学预测。此类风险往往难以量化，因此必须制订全面且详细的风险管理计划，以应对各种可能出现的情况。这要求企业不仅要关注当前的政策环境，还要对未来可能的变化保持高度敏感，以便及时调整策略。

## （二）公司风险管理

对于公司风险，尤其是在企业进行多项目投资时所面临的风险，构建一个均衡且合理的投资组合是降低风险的有效方式。企业应选择适当的投资时机和项目，确保各项投资之间能够相互补充，减少依赖单一市场或技术的风险。

### （三）项目特有风险管理

项目特有风险管理是一个全方位的过程，从项目的筹备阶段开始就需要认真筛选投资机会，进行周密的可行性研究，并作出精确的投资评估与决策。这一初期阶段的管理为整个项目的风险控制奠定了基础。随着项目进入实施阶段，运用成熟的项目管理知识和技术来监控风险变得至关重要，包括对进度、成本和质量等关键因素的持续评估，确保项目按照既定目标顺利进行。在项目投资的完成阶段，应特别注意匹配项目的收入和支出货币，以避免货币兑换风险带来的不稳定性。此外，运用如期权、期货等金融衍生工具也是减轻潜在货币贬值风险的有效策略。

## 第三节　风险投资风险管理

### 一、风险投资风险的识别

风险投资者在选择涉足高风险的高新技术项目时，常受多种因素驱动，其中经济和社会因素尤为突出。在经济层面，高风险往往预示着高收益潜力，这类项目由于风险较高，竞争参与者相对较少，提供了较大的盈利空间。在社会层面，高风险项目具有挑战性，完成这类项目可以带来心理上的满足和自我价值的实现，增强个人或团队的信心。

风险投资区别于其他类型投资的特点包括高风险和高收益、投资回收期长、较大的投资额。这种投资形式依赖分散于多个项目的投资策略以降低总体风险，属于长期权益资本的一种，且具有较高的专业性。

对于风险投资来说，技术风险是主要考量之一。从技术研发到市场商品化需要巨额资金和较长时间，其间可能遭遇多种技术实现的障碍。因此，对这些风险的识别和预防是至关重要的。市场风险同样关键，包括新技术产品可能不满足市场需求，市场竞争估计不足，或市场推广策略如时机选择、销售渠道和促销活动的不当，都可能导致项目失败。管理风险也不容忽视，即便拥有先进的技术成果，如果缺乏有效的经营管理，项目也难以成功。此外，财务风险也是风险投资中常见的问题，通常表现为资金流不稳定或不足，可能导致整个项目的财务困境。政策风险亦是关键因素，政府的科技政策和产业政策的变更可能对项目的正常运行构成威胁。

在进行投资风险识别后，整理和汇总识别结果，为后续的风险评估与管理打好基础。书面报告中应包含详尽的风险来源表，其中罗列出所有潜在的风险因素。每一种风险都应详细说明，包括可能的后果、预期发生的时间以及估计的发生频率。此外，风险的有效管理还需对这些风险进行恰当的分类或分组，以便企业更系统地评估和应对风险。这种分类应有助于明确不同类型风险的处理优先级和资源分配，同时需要对每个类别进行进一步的细化分析。识别出的风险症状，即风险事件的外在表现，也是风险管理中的一个重要组成部分。了解这些症状有助于企业在风险初现时迅速采取行动，有效地减轻或规避损失。基于这些综合信息，应及时提出针对性的投资风险管理建议，以确保企业能够在不断变化的市场环境中保持稳定的投资运作，及时应对各种可能的风险挑战。

## 二、风险投资风险的控制

### （一）技术风险控制措施

对于技术风险，确保技术选择的科学性和前瞻性是基本策略，包括深入进行高新技术的科学论证和选择合适的技术发展方向，以及加快新技术产品的试制和开发进程。同时，关注科技发展的最新动态是必不可少的，以确保技术的持续创新和适应性。

### （二）市场风险控制措施

在市场风险方面，树立正确的市场观念至关重要。涉及对市场的全面调查和科学预测，以确定高新技术投资的正确方向。同时，提高市场竞争意识并积极开拓市场。此外，通过有效的促销和推广活动及利用技术经纪人来疏通产品的销售渠道，可以引导市场需求，加速新技术产品的市场接受过程。

### （三）管理风险控制措施

管理风险的控制措施涉及提升管理团队的能力和加强科技成果的转化管理。管理团队的专业能力和决策质量直接影响企业的战略实施和日常运营。通过为管理团队提供持续的教育与培训，如领导力、战略思维及行业最新动态等课程，不仅能增强他们对市场变化的敏感性和应对复杂问题的能力，还能通过定期的绩效评估与反馈，及时发现并改进管理上的短板。此外，构建一个多元化的管理团队，能够引入更广泛的视角和创新解决方案，从而有效地降低思维固化带来的风险。

科技成果的转化管理是企业创新能力的重要体现。通过组建一个由技术和市场人员构成的跨功能团队，专门负责科技成果的市场转化，能有效跨越研发与市场之间的鸿沟。在这一过程中，制定科技成果的商业化策略至关重要，这需要基于深入的市场调研和成本效益分析来进行。此外，结合风险资本投入与合适的激励机制，如股权激励和业绩奖金，能显著提高科研团队与管理层在科技成果转化过程中的积极性。

### （四）财务风险控制措施

财务风险的管理侧重于加强资金的周密管理和成本控制，确保风险投资各阶段所需资金的充分和合理使用，避免资金被滥用或挪用，同时广泛筹集资金以保证项目的连续性，避免因资金不足引发的各种运营风险。

## （五）政策风险控制措施

政策风险管理要求投资者深入研究科技和产业政策，关注政策的变动趋势，从而控制政策变化带来的风险。在面对政策变化时，企业应主动适应和利用这些变化，转变策略将潜在的不利影响转化为有利条件。

# 第四节 证券投资风险管理

证券投资，通常被视为一种间接投资方式，涉及投资者购买并持有某种证券，如股票、债券、商业票据或可转换定期存单，目的是实现长期的稳定收益。这类投资主要集中在股票和债券上，是资本市场的重要组成部分。

证券投资的风险指的是由于当前及未来一段时间内，与证券相关的多种因素变化所引起的证券预期收益的波动性和不确定性。这些变动可能涉及广泛的经济、政治或社会因素，直接影响证券的市场价值。

## 一、证券投资风险的识别

### （一）证券投资风险成图分析

在识别证券投资风险时，重要的是要分析这些风险的根本原因。证券价格的不确定性本质上源自证券本身的特性，包括其固有的波动性。此外，证券市场的运作复杂性及市场参与者的投机行为，都会加剧证券价格的波动，从而提高投资的风险程度。三个因素相互作用，共同推动了证券市场的高风险环境，给投资者带来挑战和不确定性。因此，投资者在进入市场之前需要对这些风险因素有深入的理解和准备。

证券价格的不稳定性本质上源自市场对资本未来预期收益的不确定

性。这些预期收益受到多种因素的影响，如国内外经济政治状况、利率、汇率，以及企业经营者的能力和社会心理状态。由于这些因素难以被精确预测和控制，因而证券价格表现出显著的不稳定性。进一步而言，证券市场的运作本身是一个由供需不平衡到平衡的复杂动态过程。市场参与者众多，影响供需变化的因素和机制较为复杂，这使得证券价格波动性增加，时常出现价格的急剧上升或下跌。

此外，投机行为的盛行也是加剧证券市场不稳定性的一个重要因素，而股价指数的波动幅度也反映了市场的不稳定性。

### （二）证券投资风险的类别

#### 1.市场风险

市场风险是证券投资中不可避免的一种风险，它源于证券市场行情的波动，这种波动既有内在的经济动因，也受到人为因素的影响。市场风险主要由两大因素引起。首先，证券市场的财富放大效应会不可避免地产生一些泡沫；其次，证券市场的行情本身是市场风险的一个来源。证券价格的波动受到多重因素的影响，其中较为关键的是经济周期的变化。

#### 2.利率风险

利率风险主要来源于市场利率的波动，这种波动会直接影响证券价格并带来收益的不确定性。在市场利率上升时，通常会看到证券价格下降，反之亦然。当利率下降时，大量资金流入证券市场，推高股价，而利率上升则可能导致股价下跌。

#### 3.购买力风险

购买力风险是由通货膨胀或货币贬值引起的，这种风险导致投资者的实际购买力下降。尽管证券市场的价格可能稳定或略有上升，但由于货币价值的下降，实际上投资者手中的资金购买力正在减少。这种风险的影响程度依赖于通货膨胀率与利率之间的差异。在高通胀环境下，即使投资回报率在名义上看起来不错，实际购买力的丧失也可能导致实际收益大打折扣。

4.企业风险

企业风险则涉及证券发行公司或上市企业的运营效率和环境因素。企业风险可以分为内部企业风险和外部企业风险两种。内部企业风险涉及企业内部管理的效率和效果，如管理失误或战略决策错误等。而外部企业风险则关系企业运营的外部经济环境和市场条件的变化，这些因素都可能对企业的业绩产生重大影响。

5.财务风险

财务风险主要与企业融资方式的选择有关，投资者在评估一个企业的财务风险时通常会分析其资本结构。证券投资风险的本质具有多重性质：它既是客观存在的，也带有主观性；它既是不可完全避免的，又在一定程度上可以被控制。

## 二、证券投资风险的评估

证券投资风险的评估主要有两种方法，即收益风险指标法和 VaR 方法。

### （一）收益风险指标法

在评估证券投资风险时，经常将风险与投资者可能获得的回报联系起来，采用诸如夏普指数、特雷诺指数和詹森指数等方法。夏普指数通过比较平均回报率和无风险回报率之差与标准差的比例来衡量，不仅反映了证券的净值变动风险，还考虑了资产组合的分散程度。特雷诺指数则侧重于调整系统性风险，评估证券业绩。詹森指数更加关注在特定风险水平下，证券管理人员对市场波动的准确判断及其生成的超额收益。这些指数各有特点，夏普指数广泛应用于评价投资组合的整体性能，强调收益与风险之间的比率；特雷诺指数则更注重市场系统性风险的调整；詹森指数专注于评估管理层的表现，尤其是他们超越市场基准的能力。这些度量工具的共同目的是帮助投资者从不同角度理解和评估证券投资的风险与回报，使他们能够做出更为明智的投资选择。

### （二）VaR 方法

VaR 是一种广泛应用于金融领域的风险管理工具，用于估计在正常市场波动条件下，某一金融资产或证券组合在未来特定时间段内可能遭受的最大损失。这种评估是基于一定的概率水平，意味着它描述的是在给定的置信度下，投资组合可能面临的最大财务风险。通过 VaR，投资者和风险管理者能够预见在正常市场状况下最糟糕的损失情况，并据此进行策略调整和资本分配。此外，VaR 模型还助力金融机构优化其风险管理体系，通过科学的方法预测和控制潜在的市场风险，从而增强投资决策的效率和安全性。

## 三、证券投资风险的控制

管理证券投资风险涉及多个层面的综合策略，不仅需要国家、机构和个人在行为规范上共同努力，还需要结合立法、执法及风险教育来实施。投资者应具有正确的风险意识和投资理念，这是控制风险的基础。风险的量化通常通过比较预期收益率与实际收益率的偏差或标准差来表示。

### （一）上市公司和中介公司的监管和自律

监管包括对上市公司和中介机构的持续监督，以保证这些实体的合规行为。由于监管体系的不完善和执行不力，一些公司可能采取不正当手段进行财务造假以达到上市资格。因此，加强政府监控和确保市场信息的充分披露至关重要。上市公司的自律同样是降低风险的关键，需要企业具有内部严格的管理规则和高标准的业务执行力。

## （二）实施正式有效的投资策略

在证券投资领域，实施有效的投资策略是管理风险和实现预期回报的关键。投资策略大致可分为积极投资策略和消极投资策略，每种策略根据投资者的风险承受能力、市场状况和投资目标有所不同。

积极投资策略旨在通过主动管理实现超过基准的回报。这类策略包括惯性策略和反转策略，其中投资者买入表现良好的证券而卖空表现不佳的证券，或者相反。这种策略的成功与否可以通过计算持有期的平均回报率及其统计显著性来评估。

相对于积极投资策略，消极投资策略更加被动，主要是通过复制市场指数来实现与市场同步的平均收益。这种策略不涉及对个股的主动选择或时机的把握，而是简单地跟踪某个指数，从而反映整个市场的表现。此外，科学合理的资本配置对于投资成功至关重要。资本配置决策涉及如何在风险资产和无风险资产之间分配投资，以及如何在不同的风险资产之间进行调整。正确的资本配置应基于投资者的风险偏好、市场预期和投资期限，旨在优化资产组合的风险与回报关系。

整体来看，无论是选择积极策略以追求更高收益，还是采用消极策略以稳定收益，抑或进行精细的资本配置以平衡风险和回报，投资者都应深入理解各种策略的原理和实施细节。通过这些策略的综合运用，投资者可以更好地控制风险，实现长期的投资目标。

# 第五节　外汇投资风险管理

## 一、外汇投资风险的识别

### （一）外汇投资风险的定义

外汇投资风险是国际经济活动中企业必须面对的一个复杂问题，特别是在涉及跨国交易和资本流动的场景中。这种风险主要源于汇率的变动。在具体操作中，无论是商品贸易、劳务输出输入还是直接的资本流动，企业都需要在合同指定的时间按照当时的汇率进行货币兑换，其间的汇率波动可能引起损益。

企业在进行外汇投资时，面临的风险不仅局限于汇率变动本身，还包括外汇管制政策的变化、政治环境的不稳定、法律制度的差异等，这些因素都可能影响外汇投资的安全和收益。例如，浮动汇率体系可能会因为市场供求关系、国际政治经济情况的变化而出现大幅波动，而严格的外汇管制可能限制资金的自由流动，增加资本运作的复杂性和成本。

从广义上讲，外汇投资风险涵盖参与国际市场时可能遇到的各种风险，如市场需求的不确定性、国际竞争对手的策略变化、特定地区的经济不稳定等。对于经营国际业务的企业来说，准确预测汇率变化趋势并制定有效的风险管理策略是减少潜在损失、优化收益的关键。因此，外汇投资不是简单的货币交易，而是一种需要综合考量经济、政治、法律等多方面因素的高度策略性的经济活动。企业应建立健全的风险评估和管理体系，通过多种金融工具和策略来对冲潜在的外汇风险，确保国际交易和资本运作的稳健性。

### （二）外汇投资风险的识别

外汇投资风险多种多样，主要包括识别会计风险、交易风险、经济风险三种，应加以识别。

1. 识别会计风险

会计风险，也称为折算风险或转换风险，主要出现在跨国公司及那些有外币经营项目的本国公司中。这种风险的本质在于，由于汇率的变动，公司在将外币计价的资产负债和收入费用按照会计准则转换为母国货币时，可能会在财务报表上引起金额的变动，进而影响公司的账面价值。具体来说，当一个企业拥有以外币计价的资产或负债，如外币存款、外币借款、应收账款或应付账款等，在汇率发生变动时，这些资产或负债的本币价值也会相应变动。例如，一家公司持有大量以美元计价的资产，而母国货币相对美元贬值，则这些资产的本币价值会增加，反之则会减少。这种价值的变动是纯粹由汇率变动引起的，与公司的实际现金流无关，但直接影响公司的财务状况和盈利表现。会计风险的管理需要企业高度重视汇率变动的潜在影响，并采取有效的策略来减轻这种风险。企业可以通过使用外汇套期保值工具如远期合约、期权等来锁定汇率，或者通过多币种管理策略来平衡不同货币之间的风险敞口。此外，透明的财务报告和符合国际标准的会计处理也是控制会计风险的关键部分，确保所有外币交易和账目都能准确反映企业的财务状况。

2. 识别交易风险

交易风险是涉外经济活动中一个重要的考虑因素，特别是当经济主体的交易和财务活动以外币计价时。这种风险源于外汇汇率的波动，可能导致相关的收入和支出发生不可预测的变化。在国际贸易、借贷和其他跨国金融活动中，外币计价的应收账款、应付账款、资产及负债都可能受到汇率变动的显著影响。

交易风险的产生始于交易合同的签订和外币计价交易金额的确定，

并持续到整个结算过程结束。在此期间，任何汇率的波动都可能导致实际收支与预期发生偏差，从而对经济主体的财务状况造成直接影响。例如，一个企业可能与国外供应商签订了用外币支付的购货合同，如果在付款之前该外币相对于本币贬值，实际支出将会低于预期；反之则会高于预期，从而影响企业的成本和利润。

除了直接的购销合同，交易风险也涉及国际借贷和未履行的期货外汇合约。借款或贷款如果以外币计值，汇率的任何不利变动都可能增加还款负担或降低借款价值。同样，期货外汇合约虽然是一种对冲工具，但在执行前任何不预期的汇率变动都可能导致潜在的损失。

管理交易风险要求经济主体采取前瞻性的风险管理策略，如通过期货、期权等金融工具来锁定汇率，或通过多币种持仓来自然对冲可能的汇率风险。此外，持续监控国际市场的汇率走势和经济信息也是必要的，以便及时调整策略应对市场变动，从而保护企业免受不利汇率波动的影响。

3. 识别经济风险

经济风险，或称经营风险，是指由于汇率的未预期变动导致的经济主体在未来一定期间内收益潜在的增减。这种风险的复杂性高，因为它不仅涉及财务层面的直接影响，还广泛影响企业的销售、供应链管理和生产等多个关键业务领域。随着汇率的波动，企业面临的成本和价格结构可能会发生变化，进而影响产品的竞争力和市场需求。例如，一家依赖进口原材料的制造企业遭遇本币贬值，则其原材料成本会上升，除非能够相应地提高产品价格，否则利润率将受到压缩。同样，对于出口企业而言，本币贬值虽然可能增加其产品在国际市场上的价格竞争力，但如果汇率波动过于剧烈，则可能影响长期合同的定价策略和客户关系。

管理经济风险需要企业采取综合措施，包括但不限于使用外汇套期保值工具来稳定成本、多元化市场策略来分散汇率风险以及通过灵活的定价机制来应对汇率变动带来的成本波动。此外，企业还需要加强对外汇市场动态的监控，以便及时调整策略，确保在全球市场中维持竞争力和盈利能力，从而保护企业免受汇率变动带来的不利影响。

## 二、外汇投资风险的控制

外汇投资风险主要源自汇率的波动性，控制这种风险的策略包括多种方法，旨在平衡和减少潜在的负面影响。选择合适的计价货币并优化货币组合是基本的步骤，这有助于分散由单一货币波动引起的风险。此外，签订货币保值条款可以直接减少汇率变动对投资回报的影响，确保外汇投资的稳定性。外汇与借贷投资业务相结合也是一种有效的风险管理手段。调整借贷结构，可以对冲部分外汇风险，从而在一定程度上保证投资安全。同时，采用对销贸易策略，即通过贸易交易中的货币对冲来控制风险，也是应对外汇投资风险的一种实用方法。

### （一）会计风险的防范对策

针对会计风险，企业通常采用资产负债表保值的方法来防范。这种策略要求资产和负债在货币表示上保持一定的平衡，使受险资产与受险负债在数量上相等，从而在汇率波动时不会造成实质性损失。实施这种保值策略时，企业需要详细了解和分析资产负债表上的外币分布，并计算出可能的转换风险头寸，即受险资产和受险负债之间的差额。随后，根据这些风险头寸的具体情况，决定适当的资产或负债调整。然而，在实际操作中，进行这种调整可能会遇到困难，因为某些账户或会计科目的调整可能引入新的风险，或者影响企业的经济效益。因此，实际应用中需要权衡各种因素，综合考虑调整的可行性和经济后果，以确保策略的有效性和公司整体利益的最大化。

### （二）交易风险的防范对策

企业在面对交易风险时，需采取综合性策略以减少或避免潜在的损失，包括合同条款的精心设计、金融市场操作以及其他多种防范手段的灵活运用。在签订合同时，选择合适的合同货币是关键。一般而言，出口和资本输出时优先选择硬货币，而进口和资本输入时则倾向于使用软货币，这有助于减轻汇率波动的影响。同时，企业可在合同中加入货币保值条款，通过将合同金额锚定到一种相对稳定的货币，从而在结算时减少汇率变动的风险。在双方协商中若存在分歧，企业也可通过调整价格或利率来抵消一部分外汇风险。此外，企业还可以利用金融市场的各种工具来管理风险。通过进行现汇交易，外汇期货、期权交易等，企业可以锁定汇率，保护自身免受未来汇率波动的影响。借款与投资活动结合使用，如借款后立即进行现汇交易并再投资，可以帮助企业平衡支付和收款中的汇率风险。在其他防范措施中，企业可通过调整交易的时间（提前或错后支付和收款）、进行交易配对或投保外汇风险保险来进一步管理风险。

### （三）经济风险的防范措施

防范经济风险的关键在于理解汇率变动对未来收益及现金流的潜在影响，并采取适当的策略来减轻这些影响。在全球化经济中，企业可以通过经营和财务活动的多样化来实现这一目标。通过在不同国家分散销售和生产基地，企业能够在一定程度上减少单一市场或货币带来的风险。这种地理和经济的分散不仅有助于平衡由于汇率波动可能引发的损失，还可以利用各地市场的特点增加收益潜力。此外，企业在多个金融市场上操作，使用不同货币进行资金的筹集和投资，也是一种有效的风险管理策略。通过多币种的资金操作，企业可以利用各种货币间的汇率变动来优化自己的资金结构和投资回报。这种财务活动的多样化不仅增强了企业对外汇风险的抵御能力，还提供了更多利用全球资本市场的机会。

# 第四章　信息时代企业成本风险管理

## 第一节　成本风险简述

### 一、成本风险的含义

成本指的是为获取资产所需支付的代价，或者可以理解为费用的具体化形式。在企业管理实践中，成本不仅与产品直接相关，还可以与客户、部门、项目或特定作业等多种管理对象关联。成本的这种属性使其成为企业内部管理和决策的重要因素。具体来说，成本可以根据其消耗状态被划分为两大类：已消耗的资产和未消耗的资产。这一区分有助于企业在会计和财务报告中准确反映资源的使用情况。已消耗的资产指的是那些已经用于生产或销售过程中，并且已转化为费用或损失的资源。相反，未消耗的资产则是尚未用于生产或尚未因使用而减少价值的资源。

企业在生产经营过程中不可避免地会产生各种成本和费用，这些成本和费用的管理直接影响企业的经济效益。不当的成本控制会导致资源浪费，甚至可能引起成本失控，从而严重影响企业的盈利能力。因此，对成本费用的风险管理成为企业管理中的一项重要任务。

成本风险管理需要企业在整个价值链中识别潜在的风险点，并采取相应的控制措施。例如，设计阶段可能因为过度追求创新而导致成本过高，生产环节的效率低下可能会增加不必要的成本，而在营销和配送环节中，不精确的市场定位和物流效率问题同样可能造成成本上升。通过全面分析这些环节中的成本构成和风险因素，企业可以制订出相应的风险控制策略，如优化生产流程、合理配置营销资源和提高物流配送效率，从而有效地控制成本并提升整体的经济效益。

## 二、成本风险的分类

企业成本方面的风险，从管理的角度看分为以下两种。

### （一）产品成本核算方面的风险或成本信息扭曲风险

在当今企业管理中，产品成本核算的准确性对于企业的战略决策具有决定性影响。不准确的成本核算可能导致成本信息扭曲，进而影响企业的定价策略、产品组合选择，以及盈利能力分析。例如，若成本被低估，企业可能制定出过低的产品定价，导致利润损失；若成本被高估，则可能高定价格，从而影响销量和市场竞争力。

在进行成本核算时，企业不应仅仅依赖传统的成本核算方法，因为这些方法通常只涵盖了直接材料、直接人工和直接费用等直接成本，而忽视了广告、市场推广、配送和售后服务等间接成本。经营性产品成本和价值链产品成本的核算为企业提供了更全面的成本信息，包括从产品设计到最终消费者手中的整个流程中的所有成本。全面的成本视角对于正确定价和制定有效的市场策略至关重要。然而，许多企业的财务主管对这些现代成本核算方法了解不足，不仅限制了企业管理的深度，还增加了成本信息扭曲的风险。

为了管理成本信息扭曲的风险，企业需培训财务人员理解并应用经营性成本和价值链成本核算方法。同时，企业应建立一个包括各部门和各成本环节的综合信息系统，确保成本数据的完整性和准确性。通过这样的系统，企业可以实时监控成本变动，及时调整定价和市场策略，确保自身在市场中的竞争力。此外，企业还应定期进行成本审核，检查各环节成本核算的准确性，及时纠正偏差，防止被成本信息误导。

### （二）成本上升甚至失控的风险

在当前全球市场经济环境中，企业面临的成本上升和失控风险不断加剧。外部经济环境的变化，尤其是原材料成本的快速上升，对企业的成本控制体系提出了更高的要求。

企业若要在竞争激烈的市场中保持竞争力，必须有效识别并管理成本形成过程中的各种风险，特别是整个价值链中的成本风险。这要求企业管理者突破传统的成本控制思路，采用更为前瞻性的成本管理策略。首先，加强成本预测能力是关键，这不仅涉及对原材料市场的监控，还包括对汇率变动、劳动力成本变化等宏观经济因素的分析。其次，企业需要在战略层面重新审视成本结构，识别成本上升的关键领域，并在这些领域实施具体的风险管理策略。例如，通过多元化供应链来源、采用替代原材料或技术，以及优化产品设计来降低成本。再次，在运营层面，企业应强化流程效率，通过自动化和精益生产方法来降低运营成本。最后，在控制层面，企业需要实施严格的成本监控系统，确保各部门和项目的成本控制在预算内，及时调整策略应对市场变化。

### 三、成本风险管理的目标

成本风险管理是企业为实现财务稳健和持续增长的关键策略，旨在通过精确控制及降低成本费用来提高经济效益。管理的核心在于确保成本的科学性和合理性，不仅涉及商品或产品的经济购入和制造，还包括销售成本在利润表上的公允性和恰当性。为了达到这一目标，企业必须确保每一项费用的支出都是合理的，并力求节约。涉及支出预算的科学制定和有效执行，以及确保费用支出符合国家法律法规和公司的财政规定。同时，正确的费用核算是确保成本信息真实、准确和完整的基础，这对于提高财务透明度和加强内部控制具有重要意义。

在生产成本的管理中，企业需合理组织生产活动，优化生产流程，以充分利用资源，从而降低生产成本。这不仅关乎经营效率的提高，还关系财务数据的真实性和准确性，以及企业对内部规章制度和国家法律的遵守。费用的管理也同样重要，企业要确保费用的合理性、节约性和有效性。费用的核算需真实反映企业的财务状况，这对于外部的财务报告和内部的管理决策都是不可或缺的。此外，遵守相关法律法规既是企业的法律责任，也是企业社会责任的体现，有助于维护企业的公信力和市场地位。

## 四、成本风险的识别

在企业运营中，成本风险管理是确保财务稳健和业务持续发展的关键环节。成本风险的识别包括生产和费用两大类，每类下又细分为经营风险、财务风险和合规风险。这种分类帮助企业全面理解和应对可能导致财务损失的内外因素。

生产成本风险中的经营风险通常源于成本预算的不合理和审核过程的不严格，这些因素会削弱成本控制的效果，增加不必要的生产损失和消耗。此外，人为的舞弊行为或统计资料的不真实也会导致成本核算错误，从而影响企业决策的准确性。盲目地降低生产成本往往会牺牲产品质量，甚至导致产品结构恶化，从长远来看对企业是不利的。在财务风险方面，如果不能合理地归集、分配和摊销成本费用，或未按要求结转成本，可能使财务报表无法真实反映企业的生产成本，进而影响投资者和管理层的决策。合规风险则涉及遵守国家法律法规及公司内部规章制度的问题，违反这些规定不仅可能导致受处罚，还会损害企业的声誉和经济利益。

对于费用风险，企业同样需要面对经营层面的挑战，如不合理的费用支出可能导致资源浪费和资产流失。如果费用控制措施执行不力，也将直接影响公司的效益。财务层面的风险包括舞弊或欺诈行为，如报销虚假费用，以及费用归集、分配和摊提的不合理。合规方面，费用支出若不符合法律法规和内部规章，同样会造成企业损失。

## 五、成本风险的控制

控制成本风险，要建立健全的成本控制制度。成本风险的控制包括以下几个方面的内容。

### （一）岗位分工及授权批准

在现代企业管理中，建立明确的岗位分工及授权批准系统是控制成本的关键措施之一。其核心目标是确保内部控制的有效性，防止职务滥用和减少舞弊的风险。具体来说，企业需要清晰定义各相关部门和岗位的职责和权限，从而确保处理成本费用业务的关键职能之间存在必要的制约与监督。为了实现这一点，企业必须设计一套职务不相容的原则，即确保关键职责之间互不交叉。例如，在成本管理中，负责成本定额和预算编制的人员不应负责其审批工作；同样，负责成本支出的人员应与负责成本支出审批的人员进行职务分离；此外，负责成本支出的人员不应直接参与相关的会计记录工作。职务分离确保了业务处理的透明度和公正性，有效减少内部舞弊的可能。例如，某咨询公司的岗位分工模式，其中产品生产计划的授权批准者与执行计划的执行者之间职务明确分离，仓库管理人员与财产物资清查人员也被明确区分。此外，仓库保管人员与成本会计记账人员、生产管理人员、材料物资及产品检验人员之间的职责也实行了严格的分离。这样的分工不仅优化了资源的使用，增强了监管效果，还提高了整个组织的运营效率。

（二）成本预测、决策与预算控制

企业的成本管理不仅要准确掌握当前的成本情况，还需要对未来的成本水平及其发展趋势进行科学预测。因此，企业需要依据自身历史的成本数据，结合同行业、同类型企业的相关资料，分析料工费价格的变动趋势，以及人力和物力资源的状况和产品销售情况等多方面信息，然后制订成本策略。

在进行成本预测时，企业可以运用诸如本量利分析、投入产出分析、变动成本计量等专门的财务和经济分析方法。这些方法可以帮助企业从不同角度评估潜在的成本变化，从而更精准地预测未来的财务状况。在这一过程中，企业应当遵循成本最小化和收益最大化的原则，设定合理的预测期限，并充分考虑成本预测中的不确定因素，如市场波动、政策变化或经济环境的不稳定等。

成本预测应与企业的整体战略目标紧密结合。这意味着预测不仅仅是一个财务活动，也是一个战略决策过程，需要高层管理的参与和支持。企业应当在多个可能的成本降低方案中进行选择，评估每一种方案的可行性和成本效益，从而确定更好的成本方案。

企业在进行成本预测和决策时，还需要建立有效的预算控制机制。包括定期的预算审查和调整，以确保预算的执行与企业的实际运营情况保持一致，及时调整不合理的预算安排，确保各项费用的合理性和科学性，最终实现成本控制和利润最大化的目标。

（三）成本控制

为确保成本预算的有效实施，企业需要采取一系列综合措施来控制和管理成本。首先，企业必须根据已定的成本预算、定额和支出标准，细化各项成本指标，并明确各责任主体的具体职责。在这一过程中，责任主体的明确是关键，它保证了成本控制的透明性和可追溯性，使得每笔费用都有据可依，有人负责。其次，企业应建立一套严格的成本审批制度。根据费用预算和支出标准的具体要求，所有的费用支出申请都需经过审核。这样的审批制度有助于防止无谓的开支和可能的财务风险，确保企业资金的有效利用。再次，指定专人负责监控成本执行过程中的各项指标，对发现的差异进行记录并及时反馈，这一做法能够使企业管理层及时发现和纠正偏差，优化成本管理。最后，企业应规范成本的开支项目、标准和支付程序。严格的成本控制机制不仅包括对标准支出的监控，还应涵盖对超标支出的审批流程。对于预算内但超过开支标准的费用项目，相关部门需提交详细申请，并经过上级授权部门的审批才可执行，确保每一笔费用的合理性与必要性。在内部，当企业部门之间进行劳务交换或产品零部件转移时，成本的确认和控制同样重要。在制定这些活动的成本控制制度时，企业应采用既有利于各部门的公平交易，又符合企业整体利益的原则，以避免内部资源的不合理配置和潜在的冲突。

## （四）成本核算

为确保企业经济活动的真实性和合规性，企业必须建立健全的成本核算制度。包括明确规定消耗定额以及材料物资的计量、验收、领发和盘存流程，确保物资的移动和使用在完整的管理监控之下。同时，企业需要设定内部结算价格和方法，保障成本与实际经济活动的一致性，以及确保原始记录和凭证的准确传递和管理。

成本的归集和分配是财务管理的重要部分，成本的确认和计量应体现经济事项的客观性，避免人为调整成本数额，以保持财务报告的公正性。此外，成本的核算不仅要为企业提供决策支持的有用信息，还应确保与收入相匹配，按照实际发生额进行计价，并在各个会计期间保持核算方法的一致性。企业应根据自身的生产经营特点和管理需要，选择适合的成本核算方法。这种选择应考虑企业的具体情况，以及核算方法对成本控制和财务报告质量的影响。同时，成本核算制度应严格遵守会计准则和法规要求，合理归集和分配生产中的各类成本，如材料成本、人工成本和间接费用等，确保成本的核算既反映实际情况，又符合法律法规。在实施成本核算时，企业需要关注重要性原则，即在成本的归集、分配和核算过程中，重点关注对企业财务状况和经营结果影响显著的项目。

## （五）成本分析与考核

为了确保企业成本管理的有效性，建立全面的成本分析与考核制度至关重要。首先，企业需要采用多种财务分析方法如对比分析法、因素分析法和相关分析法等，定期对成本进行深入分析。通过分析，企业能够有效检查成本计划的执行情况，识别计划与实际执行之间的偏差，并分析偏差产生的原因。这种分析既能帮助企业理解成本的变动趋势，也能揭示潜在的节约空间，指导企业在未来的操作中如何更有效地控制成本和优化资源配置。其次，企业应建立成本费用内部报告制度，以实现成本信息的实时监控和管理，确保任何成本的异常支出都能被快速发现并上报给相关部门，从而迅速采取措施进行调整或改进。这种及时的信息反馈机制对于维护企业财务健康至关重要。在成本考核方面，企业应该设定明确的考核指标，如目标成本节约额和目标成本节约率等，来评价各责任中心的成本控制和管理表现。通过将这些指标与员工的奖励和处罚挂钩，企业可以激励员工积极参与成本控制过程。考核结果应该公正、透明，并且与企业的长期战略目标一致，以确保考核制度的公平性和激励效果。

## （六）成本风险管理方法应用

成本风险管理方法主要是常规风险管理方法，其中风险压力测试和关键风险指标管理比较常用。

风险压力测试是一种用于评估企业在特定场景下的表现的方法，这些场景通过设定的业务情景和输入变量来构建。该测试的目的在于揭示企业业务管理中的潜在漏洞或需重点关注的问题。进行压力测试时，首先需要确定测试的具体目标，即在哪些特定场景下寻找系统的哪些表现。接着，将这些场景转化为具体的测试指标，使用专业软件来模拟这些情景，并观察系统在这些条件下的反应。因此，选择承压对象和指标、设计测试情景以及分析测试结果是构成压力测试核心和难点的关键环节。

关键风险指标管理是一种通过分析、识别并量化风险事件的关键成因来进行风险管理的方法。这种管理策略旨在识别可能引发风险事件的主要因素，并将这些因素转化为具体的数值标准，用于建立风险预警系统。当关键成因的实际数值达到或超过设定的风险指标时，系统便会自动发出预警，提示管理层采取事先准备好的控制措施。以易燃易爆物品的存储为例，容器因长期使用而导致的泄漏风险可以通过定期监控使用年限来控制。如果一个容器的设计使用寿命为 50 年，经分析得知使用超过 45 年后泄漏的可能性大增，那么这 45 年就成为一个关键风险指标。基于这个指标，企业可以制定规定，如在容器使用达到 45 年时进行特别检查或替换，确保安全运营。关键风险指标的有效管理不局限于监控单一风险因素，可以扩展到影响企业关键目标的多个风险因素。关键风险指标要求风险因素必须是可以准确分析并易于量化的，以便实时跟踪和及时响应。

## （七）制定成本风险管理制度

在企业运营中，成本风险管理制度的建立是确保经济效益最大化的关键。涵盖从成本定额和费用预算的设立、财产安全的维护、员工素质的提升，到成本的持续分析和考核的各个方面。对成本和费用进行精确的预算和定额是至关重要的，因为这直接关系企业的利润水平。明确的成本定额和费用预算帮助企业在生产环节实现资源的有效分配和使用，从而推动企业盈利能力的提升。为此，企业不断寻求优化这一过程，确保每一环节都能达到成本节约的目的。财产安全控制制度是保护企业资产不受损失的另一重要方面。通过实施永续盘存制和定期盘点相结合的方法，企业能够确保材料和物资的安全以及账目与实际存货的一致性。这种方法不仅能帮助企业及时发现和解决问题，还能维护企业资产的完整性。在人力资源管理方面，通过建立员工的考核、培训以及奖惩制度，企业可以有效提升员工的职业技能和道德素质。定期的技能培训和道德教育有助于塑造一支高素质的员工队伍，而合理的奖惩机制则能激发员工的工作热情和责任感。成本的分析和考核是确保企业财务健康的另一个重要环节。通过定期对成本进行详细的考核和评价，企业能够及时调整和修正存在的问题，从而为未来的预算制定和成本控制奠定坚实的基础。

### （八）生产成本风险的控制

生产成本风险控制是企业运营管理中的关键环节，涉及从生产计划的制订到成本最终分析的一系列步骤。首先，企业需编制详尽的生产计划，并确保这些计划被准确下达至各个相关部门。其次，各专业部门基于这些生产计划编制相应的成本预算，随后，整个公司的成本预算也将被制定并细化，以确保每一项费用的合理分配。随着生产计划的执行，原料的采购、领用直至组织生产的各个环节都需要精确控制，以防成本超支。最后，专业部门还需建立系统的成本统计资料，通过归集和计算成本，进一步计算并结转产品的生产成本。当产品生产完成并入库后，进行成本分析成为必要，以评估成本控制的效果并为未来的成本优化提供数据支持。这一完整的流程不仅确保了生产活动的经济性，还提高了企业在市场中的竞争力。

### （九）期间费用风险的控制

期间费用风险控制的关键环节主要涉及五个方面：一是费用预算分解落实，确保预算细化到各个部门与项目，从而提高管理的具体性和执行力；二是费用控制，通过建立严格的审批机制和监督系统，防止超预算支出；三是费用核算，精确记录各项费用，确保数据的准确性和透明度；四是费用分析检查，定期对费用执行情况进行分析，及时发现问题并调整策略；五是考核奖惩，通过绩效考核机制激励节约成本，对超支部门或个人实施必要的惩罚措施。这一系列措施共同构成了一个全面的期间费用风险控制体系。

## 第二节　成本信息扭曲的风险及其管理

成本信息扭曲风险分为两种类型：财务报告成本信息扭曲风险和管理报告成本信息扭曲风险。

### 一、财务报告成本信息扭曲风险及其管理

#### （一）财务报告成本信息扭曲风险

财务报告成本信息扭曲风险主要源于以下几个方面的操作不规范。

1.成本归集和及时核算的不准确

在实际操作中，若企业在项目实施过程中未能有效管理材料的入库与出库，如直接从供应商处领用材料而不办理相应手续，会直接影响项目成本的准确计算。此外，若企业的年度奖金未能在当期预提，而是在下一年度发放时才计入成本，或者差旅费用未能及时报销而长期悬挂在应收账款中，都会导致成本核算的不准确。

2.期间费用与成本的不当划分

一些企业可能会将本应计入期间费用的支出错误地分摊到成本中，这种不当的成本归集会扭曲成本信息，影响利润的真实反映。

3.成本与收入的不恰当配比

对于跨越多个会计期间的综合性长期合同，如包括代购材料、集成、软件开发等项目，单次材料投放可能无法客观反映项目的真实进展和成本进度。缺乏详尽的项目预算和成本计算机制的企业，可能在各会计期间的成本分摊上显得随意，进一步扭曲了成本与收入的匹配。

管理这些风险的关键在于加强内部控制系统的建设，完善成本核算流程，确保所有成本和费用的及时、准确记录。同时，企业需要建立严格的预算管理体系，以及跨期成本和收入匹配的合理机制，确保财务报告的质量和透明度。

（二）财务报告成本信息扭曲风险的管理

在企业进行成本核算时，管理材料的入库与出库流程是核心环节，直接关系财务报告的准确性。为了保障对外财务报告的可靠性，企业必须对可能影响财务报告真实性的各类风险给予足够的关注，并采取有效措施进行控制或消除，包括深入学习和实施有关企业会计准则的规范，确保产品成本的准确确认、计量与报告。此外，企业需要根据会计准则要求，结合自身实际情况，构建符合自身特点的内部成本核算制度，包括长期合同的预算制度和合同成本确认与计量的具体标准等，以确保成本信息准确反映企业的经营状况。企业还应选择与其生产经营特点和管理要求相适应的成本核算方法，包括品种法、分批法与分步法等，这些方法应根据企业的具体情况灵活应用。加强企业财务信息系统的建设与内部审计是确保财务报告质量的关键。建立健全的财务信息系统，可以更有效地管理和监控财务数据，同时，强化内部审计能力可以及时发现并纠正可能的误差，确保财务报告的准确性和透明度。

## 二、管理报告成本信息扭曲风险及其管理

### （一）管理报告中相关成本信息的扭曲风险

从管理角度看，企业产品成本可以有不同层次的划分，下列事项的发生会使其他层次的产品成本信息扭曲，从而影响企业管理报告质量。

1. 成本核算不完整

成本核算的不完整性是许多企业在财务管理中面临的一个重要问题，它不仅影响了成本的准确计算，而且可能导致企业的定价策略和盈利目标实现出现偏差。具体来说，某些与生产直接或间接相关的费用，如果未能正确归集至产品成本中，就可能造成产品成本的低估。例如，生产人员的福利支出和维修工人的工资支出，这些都是生产过程中不可或缺的成本，但有时这些支出被错误地计入了管理费用。同样，与生产设施相关的部分土地使用权的摊销，理应被视为生产成本的一部分，却也可能被归入管理费用。此外，无形资产的摊销和存货的差异处理等，若未按照与生产活动的实际关联性进行合理分配，也会导致成本核算不完整。这些成本的错误归类不仅扭曲了产品成本的真实面貌，还可能误导企业的决策层，影响产品定价和市场竞争策略的制定。因此，企业必须建立健全的成本核算系统，确保所有与生产相关的费用都能被准确地识别和归集。通过优化成本核算流程和增强成本管理的透明度，企业可以更准确地掌握成本数据，从而更合理地制定价格策略和实现预定的盈利目标。

2. 企业的成本标准不能及时修订

在当今经济环境下，企业面临的成本压力和市场竞争日益激烈，在这种背景下，成本标准的及时修订显得尤为重要。材料消耗定额和劳动定额是两个关键的成本控制工具，它们不仅帮助企业制订精确的材料消耗计划和核定材料成本，还是科学组织生产、合理定编定员的必要

条件，能有效实施按劳分配原则，挖掘生产潜力，降低成本，提高劳动生产效率。然而，许多企业存在成本标准长时间未修订的问题，有的甚至几年或十几年不进行更新。这种做法不能准确反映不同产品的成本变化，无法适应市场和技术进步带来的原材料价格波动和生产技术的更新。企业可能会因为成本控制得不准确而造成资源浪费或成本上升，不利于企业的成本控制和市场竞争力的提升。因此，企业需要定期审视和调整其材料消耗定额和劳动定额，通过引入最新的市场数据和生产技术，调整和优化材料消耗定额和劳动定额，可以确保它们反映当前的经济状况和技术水平。此外，通过持续的流程改进和技术创新，企业能够更有效地控制成本，提高产品质量和生产效率，从而在激烈的市场竞争中占据有利地位。

3. 间接制造费用不能合理分摊

在现代经济环境中，企业面临的竞争日益激烈，对成本控制的要求也越来越高。尤其是间接制造费用的合理分摊问题，这对确保产品成本准确性和企业决策的有效性至关重要。随着社会需求的变化，无论是制造业还是服务业，间接成本都呈现大幅上升的趋势。然而，国内许多企业在处理间接生产或服务成本时，仍然采用传统的、单一的分摊基础，如依据产量、直接人工成本、原料成本、机器小时或预先确定的百分比等。这些传统方法往往不能准确反映实际的成本结构，影响成本信息的准确性和可靠性。

4. 不能根据不同的管理目的，及时、正确地提供不同维度的成本信息

在企业管理中，成本信息的精确度对于决策的有效性具有至关重要的作用。可靠性是企业内部控制的核心目标之一，不仅涵盖了财务报告的可靠性，还包括内部管理信息的准确性。不同的管理目标需要不同维度的成本信息来支持，要求企业能够及时、正确地提供这些信息。从管理视角来看，成本信息的准确性虽然在某些情况下看似不那么重要，但对于大多数企业而言，尤其是在市场化程度高且竞争激烈的行业中，准

确的成本信息是企业生存和发展的关键。例如，在某些国内企业中，产品定价可能由采购方审批，并采用成本加成定价法。在这种情况下，如果成本计算偏高，可能暂时对企业有利。然而，这种做法从长远来看可能会导致资源配置的低效率和市场竞争力的下降。对于那些市场化程度高的企业，不准确的成本信息会直接影响企业的价格策略，进而影响市场竞争力和盈利能力。成本信息的误差可能导致企业制定错误的策略，从而阻碍企业的长期发展。如果成本被低估，可能会导致企业在价格竞争中处于不利位置；如果成本被高估，企业可能错失市场机会。

为了应对这一挑战，企业需要更加重视管理视角下成本信息的准确性。现代的成本计算方法，如作业成本法，提供了一种更科学和精确的间接成本分摊方式。作业成本法通过识别与产品或服务直接相关的活动，并将成本根据这些活动的实际消耗进行分摊，从而更真实地反映了产品的成本构成。这种方法可以帮助企业更好地理解各种成本元素如何影响产品成本，进而更精准地进行产品定价和成本控制。因此，企业应该考虑从传统的成本分摊方法向现代的作业成本法等科学方法转变。通过更新成本计算方法和工具，企业能够提供更高质量的成本信息，满足日益复杂的产品规划与定价策略需要，同时提升市场竞争力和财务表现。引入作业成本法是一个有效的解决方案，它能够提供更详细和准确的成本分配，以确保成本信息全面反映企业的实际运营状况。作业成本法通过识别和分配与产品或服务直接相关的成本，使得成本信息更加精确，从而帮助管理层做出有信息支持的决策。此外，企业还应定期进行成本信息的审计和评估，确保所提供信息的准确性和时效性，以支持企业的战略决策和日常运营。

## （二）管理报告中成本信息的风险管理

一些企业对管理报告提供的信息的可靠性重视不够，需要尽快建立相关的内部控制制度和流程。

### 1.树立正确的成本观

在现代企业管理中，树立正确的成本观对于指导决策至关重要。传统的成本计算往往只关注直接成本，忽视了多维度的成本分析，可能导致决策层对真实成本的理解不全面，进而影响定价策略和盈利分析。以北京的 A 企业为例，该企业需要将产品通过大型运输车销售给上海的 B 企业，过程中产生的 20000 元运输成本包括过路费、燃油费、车辆折旧和运输人员的费用。这些费用从财务报告的角度可能被视作销售费用，直接从收入中扣除，而从管理的视角看，合理地将这些费用计入产品成本是必要的，以确保成本信息的完整性和产品定价的准确性。

在具体实施时，成本分摊的方法需考虑到实际情况。例如，甲、乙、丙三种产品数量不同，对此，传统的按数量平均分摊的方法可能不适用，因为运输成本在数量上的增加不会线性增长。一个更科学的方法是根据产品的体积、重量或者其他相关因素来分摊成本，或考虑使用固定成本加可变成本的计算模式来更精确地反映每种产品的实际成本。这种成本观的转变要求管理者不仅理解传统成本的构成，还需掌握现代成本管理的方法，如活动基础成本法等，以便更全面地捕捉成本信息，支持企业战略的制定和实施。

### 2.建立健全管理信息系统

在当今企业的运营中，成本信息的准确收集、处理与加工是管理信息系统核心组成部分的一环。企业在建立与完善其管理信息系统时，需特别重视成本信息系统的改进与优化。作业成本法提供了一种高效的成本计算框架，帮助企业精确捕捉和分配成本，其基本逻辑是"产品消耗作业，作业消耗资源"。在这一方法中，资源首先根据资源动因被分配至各个作业成本库，随后，作业成本动因将成本从作业成本库分配至具体产品。

作业成本法尤其适用于那些间接制造费用占比较高的企业。例如，某些企业可能发现产品报价难以解释，或竞争对手的产品价格异常低，往往是因为成本分配不准确或不透明所致。同样，一些难以生产的产品显示出意外的高利润率，或生产经理认为应该放弃的产品却显示出高利润，这些都可能是成本信息不准确的信号。此外，客户对价格上涨的容忍、会计部门为特定产品的成本信息投入大量时间、部门间采用不同的成本核算系统，甚至因财务报告准则的变化导致产品成本波动，都强调了优化成本信息系统的必要性。

通过实施作业成本法，企业不仅可以更准确地计算和分析成本，还能提高整个成本管理的透明度和效率。这种方法帮助企业从根本上理解成本结构，优化产品定价策略，从而更好地应对市场竞争。因此，建立一个健全的、能够反映实际运营状况的管理信息系统，对于任何希望在激烈的市场环境中保持竞争力的现代企业来说，都是一项不可或缺的投资。

3.高度重视企业的预算管理工作

企业的预算管理工作在其经营策略和决策过程中占据核心地位，因为所有的经营活动都是在预先制订的计划和预算的指导下进行的。管理层通过审视预算执行情况的管理报告，可以有效监控和评估企业的财务健康和运营效率。为了确保预算管理的效果，拥有准确的成本信息显得尤为重要。正确的成本数据不仅能帮助管理层识别成本过高或资源利用不足的领域，还能为预算调整提供数据支持，从而提高预算管理水平，确保企业资源得到更优配置，支撑企业实现其战略目标和提升整体业绩。

## 第三节　成本失控的风险及其管理

### 一、成本失控的风险

国内企业面临的成本失控风险多源于外部环境和内部管理的多重因素。首先，资源类产品如铁矿石的价格波动显著，尤其是在全球市场供需变化的影响下，直接导致企业的原材料成本波动。

在行业内部，优秀企业通过采用新材料、新工艺和新流程等创新方式降低成本，这对落后于技术创新的企业构成压力，这些企业如果无法有效应对成本上升和技术更新的挑战，可能在激烈的市场竞争中处于不利地位，甚至被淘汰。在内部管理方面，成本支出的不当管理也是导致成本失控的一个重要原因。未经适当审批或超越授权的支出，可能导致企业遭受重大的财务损失。成本失控的风险尤其在大型项目执行或大额采购中更为常见。例如，对于钢铁企业而言，当全球钢铁需求下降时，原材料成本的上升难以向下游转嫁，会影响企业的盈利能力。而对于制造企业，尽管面临原材料成本上升的压力，但由于下游市场的激烈竞争，这些成本往往无法转嫁给消费者，因此必须通过内部效率的提升来吸收这些成本。

### 二、成本失控的风险管理

#### （一）提高预测能力，制定合理的成本目标

企业要想在动态的市场环境中保持竞争力，提高成本预测能力并制定科学合理的成本目标至关重要。采购部门、财务部门及其他相关部门应密切关注国家宏观经济动向、行业发展状况及政策变动，这些都是影

响外购存货价格和整体成本结构的关键因素。通过加强这些领域的研究，企业能够提升对成本变动的预测准确性。此外，企业应深入分析自身历史成本数据，结合外部环境变化，科学预测未来的成本费用水平及其发展趋势。企业还需要评估不同成本因素对盈利能力的影响，识别那些对盈利目标实现具有高敏感度的成本项目，并预测这些成本项目变动的幅度及其可能性。通过全面的成本分析，企业可以准确把握成本管理的重点，制定针对性的成本控制策略。例如，对于预测到可能上涨的原材料成本，企业可以考虑提前采购或寻找替代材料以避免成本上升的冲击。同时，通过改进生产流程和提高效率，企业可以在一定程度上抵消成本上升的影响。

（二）及时修订成本定额标准，防止因定额宽松而引起的成本上升

企业需要持续监控和更新成本定额标准，以防止因定额过宽而导致不必要的成本增加。这一过程应基于对单位历史成本数据、行业内同类型企业的成本资料、料工费价格变动趋势及人力物力资源状况的深入分析。通过定期评估产品设计、生产工艺和生产组织环节，企业可以及时调整成本定额，确保其反映当前的市场和生产条件。这种动态调整有助于企业维持成本效率，避免资源浪费，从而使企业的财务更健康，使企业更具市场竞争力。

（三）加强战略成本管理，从企业战略层面取得成本管理上的突破

从战略层面上看，企业的成本管理应与其竞争战略紧密相连。成本是企业战略执行的一个组成部分。例如，对于追求高品质和创新的企业而言，某些高成本的投入（如研发和品牌建设）实际上是实现长期竞争优势的必要支出。企业应该识别和实施那些能够支持其战略目标的成本

控制措施，确保成本结构的优化与企业战略的一致性。在集团公司层面，需要通过集中管理和横向整合，提高成本效率，从而在整个组织范围内实现成本优化。

### （四）挖掘降低经营成本的潜力

以某集团为例，该集团通过改变采购策略，实现了显著的成本节约。在 2015 年之前，某集团内部各子公司、分公司在采购存货时各自为政，导致议价能力弱和采购成本高。然而，通过集中联合招标采购，集团不仅增强了议价能力，还由于采购规模扩大，使供应商为了保持业务量而愿意提供更优惠的价格。这种集中采购策略不仅降低了直接成本，还提高了采购效率和质量控制水平，从而为集团整体的成本管理带来了积极的影响。

### （五）建立健全成本方面的内部控制制度

企业需要根据费用的性质和金额的大小实施不同的控制方式。例如，对于大额费用，如大批量的外购材料，企业可以通过期货合约来锁定成本，从而避免因市场价格波动导致的采购成本增加。对于与外汇相关的交易，企业可以利用衍生金融工具如期权和期货来管理汇率风险，确保成本预算的稳定性。此外，内部控制系统应包括预算控制，确保所有支出都在预算内进行，以及通过比例控制和额度控制来限制某些类型的支出，避免不必要的财务风险。

### （六）基于价值链分析的成本管理

有效的成本管理需要超越单一产品或服务的成本考量，扩展到整个价值链。价值链包括从原材料采购到产品设计、生产、营销、配送和最终销售的所有活动。每一个环节都可能成为成本优化的机会。企业应该分析整个价值链，确定哪些活动是增值的，哪些活动可能是成本过高的环节。通过系统的设计和管理价值链上的每个环节，企业不仅能满足客户需求，还能在整个系统中实现成本最优化。例如，设计阶段的创新可以降低生产成本，有效的供应链管理可以降低物料成本，而高效的营销策略可以提高产品的市场渗透率和客户忠诚度，从而增加总体收入。此外，通过对服务环节的投入与产出进行精细化管理，企业可以提高客户满意度和重复购买率，这些都直接或间接地影响企业的成本和收益。

成本管理的另一个重要方面是持续性的价值创造。企业管理者在审视每一项成本时，应问自己：这笔支出是否与创造价值直接相关？即使某些成本看似不直接创造价值，也需要评估其是否对维持运营必不可少，或者其是否能够长期带来潜在的好处。所有的成本投入都应该在带来相应价值的前提下得到合理的控制和调整。

# 第五章　信息时代企业预算风险管理

## 第一节　预算风险管理概述

### 一、预算风险管理定义

在现代企业经营管理中，预算是调控财务和业务活动的关键工具之一。尽管预算的制定往往侧重于支出和费用的控制，但实际上，收入和利润的实现更具挑战性，这种现象可以归结为"支出容易控制，收益难以确保"的经营困境。这主要源于管理者对预算固有缺陷的认识不足，未能有效将企业战略、业务计划与预算进行有效整合，缺乏针对企业所处行业特点、经营策略和管理水平的适宜预算管理模式。此外，对预算管理过程中潜在风险的识别、评估和控制亦未能达到应有的水平，导致未能充分运用现代化、科学的预算管理理念和方法。

预算风险管理不仅是企业管理的一项基本功能，更是一种连续的改进过程，主要通过以下三个环节实施：首先是预算的编制，包括确立预算目标及其编制、汇总与审批流程；其次是预算的执行与控制，此阶段强调对预算执行情况的持续反馈与分析，并根据环境的变化对预算进行必要的修正与调整；最后是预算的考核与评价，评估预算实施的成效，以识别和解决执行中的问题。企业在经营活动中既需具备规划性，也需展现计划性，而预算管理便是实现这一目标的重要手段。良好的预算管理能够保证企业经营活动的有序进行，为企业持续盈利创造条件；相反，如果企业忽视了预算管理的重要性，便可能陷入无序的经营状态，从而增加财务风险。

从理论和实践的角度看，企业应持续提升其预算制定与执行的能力，通过不断优化预算管理流程，加强内部控制程序，有效应对预算管理中的风险，以确保预算的科学性、实用性和执行力。企业在预算管理中融入更多的科学理念和方法，将预算管理与企业的整体战略紧密结合，提高预算的适应性和灵活性，最终达到控制风险、优化资源配置、提升经营效率的目的。

从内部控制的角度分析，企业预算发挥着双重作用：它既是管理风险的工具，也是需要有效控制的对象。预算管理中常见的风险包括预算编制的不完整、设定的目标过于理想化、预算的执行及监控不充分、分析报告推迟提交或缺乏有价值的深入分析，以及预算考核手段的不准确。如果这些风险得不到妥善管理，企业实现运营目标的难度将显著增加。在更广泛的意义上，企业预算风险涉及预算制定过程中因环境和活动的不确定性而引发的偏差，这些偏差可能阻碍企业达成其战略目标。简单来说，预算风险指的是企业在实施经营活动时，所设定的预算目标与实际结果之间可能出现的偏差。

在预算风险管理流程中，风险根据其发生阶段被分为三类：预算编制风险、预算执行风险和预算考核风险。这些风险涉及从预算的初步编制到实际执行及最终的考核评估过程。

根据风险的来源，预算风险可分为内部风险和外部风险。内部风险主要指与预算体系自身相关的问题，如预算制度的设计缺陷、预算流程的不合理以及预算管理架构的不健全等。而外部风险则源于预算体系外部，这些风险可能因企业内部的文化、人员和信息处理不当而影响预算目标的实现，如文化不合、人员素质与行为问题、信息传递和处理的误差等。

在预算风险的具体事件中，企业可能面临多种风险，包括预算制度的系统性风险、对预算制度的认知误区、预算编制过程中的风险、预算管理的道德风险以及在预算执行过程中的调整与控制风险。这些风险共同构成了预算管理的复杂性，需要通过综合的管理和持续的优化来降低其对企业运营的潜在影响。

## 二、预算风险的识别

预算风险可以通过风险清单分析法和专家调查法进行识别。风险清单分析法，又称安全检查表法，是通过系统工程的分析方法，全面列举出特定事项可能遭遇的危险、已知的风险类型、设计缺陷及潜在事故隐患。这种方法依赖于对系统的深入分析，通过编制检查表来梳理所有潜在的风险因素。检查表中会包括各种基本的风险项目以及相应的控制标准或规范，以此为基础评估各风险因素的严重程度，并逐一整理成问题清单。专家调查法则依靠相关领域专家的知识、经验和判断力，对可能发生的风险及其影响程度进行定性分析。此方法通过专家的见解来确定风险因素的发生概率和潜在影响，从而形成风险评估的基础。在预算风险识别阶段，这种方法主要用于对风险进行定性估计，帮助企业更好地理解和准备应对可能的风险事件。

在企业的财务管理体系中，预算制定和执行是核心环节，但这个过程同样面临多方面的风险。识别和管理这些风险对于确保企业财务健康和战略目标的实现至关重要。财务预算编制风险通常源于预算编制过程中的与现实脱节和审批流程的缺失。如果预算制定过于理想化，忽略了市场和经营的实际条件，其结果往往难以实现，导致资源分配不当。此外，未经严格审批的财务预算，可能包含错误决策或过时信息，影响整个组织的财务表现和战略实施。在财务预算执行的过程中，若缺乏一个全面的执行责任体系，各执行单位可能因责任不明确而导致预算目标未达成。同时，年度预算若未细分为更小的时间周期，如月或季度，将难以有效监控和调整预算执行的偏差，从而增加财务不稳定的风险。此外，预算内资金的拨付若未严格遵循授权审批流程，或执行单位未定期报告财务状态，都可能导致资金使用不当或预算执行得不透明。针对财务预算调整的风险，主要问题包括预算调整未严格符合企业设定的条件，以及调整过程未经有效审批。如果调整措施与企业的发展战略和年度财务目标不一致，可能会扭曲企业资源的配置和长期发展方向。全面预算考评的风险涉及评估的准确性和公正性。如果财务预算考评未能准确评估企业及其各单位在预算期内的风险水平和经营状况，或未能识别与同行业之间的差距及其原因，就难以制定有效的风险防控措施。此外，如果预算考评结果存在不公，可能影响员工的积极性，进而影响整个组织的业绩。

## 三、预算风险的评估

在企业管理中，对财务预算风险的评估旨在确保预算的准确执行并符合企业的战略目标。企业必须建立健全的财务预算分析体系，由预算管理委员会定期组织会议，深入分析财务预算的实施情况，识别并解决执行过程中出现的各种问题。这种分析不仅依赖定期的财务报告，还需要涉及各执行单元的实际表现，从而确保各项预算政策和措施的有效性。

在财务预算执行的过程中，各部门需积极收集与财务、业务、市场、技术、政策和法律相关的广泛信息，以全面掌握预算执行的动态。利用比率分析、比较分析、因素分析和平衡分析等多种方法，可以从定量和定性两个维度综合评估预算执行的实际情况和影响因素。这样不仅有助于揭示预算实施的趋势，还有助于精确掌握各单元对企业财务目标的贡献。

财务预算的差异分析是预算风险评估过程中的重要部分，涉及多个阶段的深入分析。初始阶段，通过将实际执行数据与预算指标进行比对，评估是否存在显著偏差。若差异在可接受范围内，则可以认为预算执行合理；若超出，则需进行更深层次的分析，确定责任部门，是否由单一部门负责或多部门共同承担，或者是整个企业的集体责任。最终阶段需要在责任单位的协作下进行详尽的分析，查找造成差异的根本原因：是管理体制的不当、业务流程的复杂度、员工的不合规行为，还是外部环境的影响。评价财务预算风险的指标选择是另一个重要方面，如投资回报率、剩余利润和销售利润率等，这些指标可以有效地反映预算执行的经济效益和财务健康状态。

## 四、预算风险的控制

在企业财务管理中，对财务预算风险的控制是至关重要的环节，不仅涉及预算的制定和执行，还包括整个预算的审批、分析与考核过程。设定明确的管理目标，如规范预算的编制与执行、增强预算的科学性与严肃性，以及推动预算目标的实现，是实施有效风险控制的基础。

加强预算风险控制具有重要意义，包括以下几方面内容。

### （一）有助于提高预算标准的地位

预算风险控制有助于提高预算标准的地位，确保财务预算的制定基于科学且合理的标准。这种做法不仅增强了预算标准的权威性，还为后续业务活动奠定了坚实的基础。通过严格遵循预算标准，企业能够在预算编制初期便显著降低财务风险，确保所有的财务活动都能够在预算范围内运作，从而避免无序的财务开支和潜在的经济损失。

## （二）有助于规范预算执行的流程

在预算标准被确立后，如何执行这些标准成为各部门的重要任务。明确的执行指导和流程，可以确保预算的执行不偏离既定目标。在这一过程中，实施有效的监控和反馈机制尤为关键，不仅帮助企业及时发现预算执行中的偏差，还能确保问题能够迅速得到解决。此外，定期的预算执行分析会议可作为一个有力的监督工具，它允许管理层深入了解预算执行的细节，评估各部门的财务表现，并根据实际情况调整预算策略。这些控制措施将增强预算的透明度，确保每一笔财务支出都能为公司带来更大的经济效益。

## （三）有助于深化财务运营的监管

为确保财务运营的高效性与合规性，企业必须加强对预算执行的监督管理，这对于解决运营中的财务问题十分重要。通过深化监管措施，企业可以在风险控制方面实现更大的突破，从而提升整体的财务管理水平。

### 1.制定企业财务预算的科学标准，合理分配预算资源

企业在制定财务预算时，需要采用科学的标准和合理的资源分配策略，确保预算的制定能够适应行业发展和企业自身的变化。在这一过程中，企业应根据市场环境和内部需求动态调整财务预算。例如，通过实施客户资质的严格审核，确保财务风险得到有效控制。此外，预算的科学制定是确保财务运营良好开展的基础。

在预算执行的过程中，企业应强化组织内部的沟通和协作，包括促进股东、管理层及员工等所有组织成员的积极参与，通过增加预算信息的透明度，解决信息流动的障碍，确保预算的执行效果。通过上下级之间的有效协商，可以共同确定一个既反映企业战略，又符合公司治理需求的合理预算水平。同时，企业预算的设定还需重视其激励功能。预算

目标的确定应当基于企业的长远战略、治理结构和内部管理需求进行综合考量。结合企业当年的经营战略、投资焦点以及预期的环境变化，企业应滚动评估未来期间的预算目标，适时调整风险偏好和容忍度。这样的做法不仅有助于企业在变化的市场环境中保持灵活性和适应性，还能确保风险控制措施与企业发展目标保持一致，从而在动态环境中优化财务表现和风险管理。

2.加强企业财务预算的科学执行

企业在财务预算执行方面的科学化是其财务改革的关键。完成预算制定后，应从以往部门各自为政的执行模式转变为基于责任制的严格执行流程。为此，财务部门需要与部门主管及实际执行人员进行严格对接，确保预算执行的每一个步骤都能得到有效监控和管理，包括建立科学的执行流程和定期对各岗位责任人的预算执行情况进行核查，以此为基础来调整各部门未来阶段的预算分配。

为了加强这一过程，企业可以依托扁平化的组织结构，利用先进的信息技术工具，来增强组织内部的信息流动和协同工作。通过实时的会计控制、沟通与监控，可以形成一个完整的"计划—行动—衡量—学习"的管理循环，不仅促进内部信息的快速流通，还使预算管理变得更加灵活和响应迅速。这样的系统能够及时发出财务预警，帮助企业及时调整流程，以应对潜在的经济危机。同时，在企业风险管理的框架下，企业应采用基于风险的预算编制方法，围绕经济资本的概念进行整合，评估财务危机的可能性。这种方法能够为公司的财务定位和整体风险管理提供科学依据，从而使预算执行不仅能反映企业的当前需求，还能顾及未来发展的不确定性。此外，通过对非核心业务的外包，企业不仅可以获得现金流，还能优化资源配置，将节省下来的资源投向更具战略意义的领域。

3.确保企业财务预算的科学监管，实现预算业绩评价

确保企业财务预算的科学监管并有效实现预算业绩评价，需要内外

部监督力量的共同作用。在内部，企业通过科学化的管理强化预算执行的精确性与透明度；而在外部，政府指定的监管部门发挥着关键作用，确保企业资金使用的规范性。监管部门定期对企业提交的预算报告进行抽查，评估预算执行的准确性。每年度的监管结果不仅反馈当前的执行情况，还决定企业在下一财年中各项财务支持的调整。此外，引入基于风险的激励报酬方案是实现有效预算业绩评价的一种有效手段。核心在于采用正确的激励机制，如经济增加值等价值管理指标，配合财务和非财务的多维度绩效指标，构建全面的预算激励和考核管理体系。这样的体系不仅能激发员工的工作动力，还能协调企业内部各部门间的利益冲突，促进预算目标的实现。

4.岗位分工与授权批准

在企业内部，有效的预算管理是确保财务稳定性和透明性的关键。为此，企业必须建立严格的岗位责任制，这一体系中的每个环节都需要明确地划分职责和权限，确保预算相关工作在不同岗位之间实现适当的分离和制衡。这种分离不仅促进了内部监督，还强化了企业的制度化管理。具体而言，预算编制、审批、执行与考核是预算管理的四个主要环节，每个环节均需由不同的岗位负责，以避免职责冲突和权力过度集中。例如，负责预算编制的团队或部门不应参与预算的审批和执行过程，而应由另一独立的部门或团队负责，以此确保预算的客观性和合理性。企业还应建立一个明确的组织领导和运行体制，在这一体制中，企业最高权力机构负责审批年度预算方案，而决策机构则负责制订预算方案。同时，企业可以成立预算委员会或预算领导小组等专门机构，专责管理和执行企业预算，确保预算的科学性和实时更新。

5.构建预算风险管理系统

构建一个全面的预算风险管理系统是提高企业内部控制管理水平的核心。这种系统通过结合风险管理方法，使企业在进行资源配置和战略实施时能更有效地防范和控制经营风险，从而把风险管理转变为推动企业价值增长的重要工具。

预算风险管理系统包含风险识别、风险分析与评估以及风险应对等关键子系统。在预算的启动阶段，首先进行风险识别，这一步骤帮助企业明确面临的潜在挑战和风险，从而设定合理的预算目标。随后，在预算的计划阶段，通过定性的风险分析，企业能够利用风险图为各种潜在风险排序，有助于在资源分配和目标设定中找到一个平衡点，确保企业的目标、环境及资源之间达到最优匹配。实施阶段则是预算风险管理的关键，此时需要依据之前的风险评估进行精确的风险监控。企业应根据内外部环境的变化及时调整预算，确保预算执行的灵活性和适应性，这不仅要求企业有能力快速响应外部变动，还需内部信息流通和决策过程的高效率。在预算的收尾阶段，企业应进行风险的追踪和防范工作，这一阶段的工作不仅包括对已识别风险的持续监控，还应包括对新出现风险的评估和响应。通过这一系统的循环操作，企业可以持续学习和改进其风险管理策略，实现预算管理的持续优化和风险的最小化。

6.构建预算风险管理的决策支持系统

在现代企业管理中，构建一个综合的预算风险管理决策支持系统是确保战略目标达成的关键。该系统基于价值流分析，利用先进的预算管理信息系统平台，实现对风险信息的全面收集、处理、决策和预警。这样的系统不仅能提高对风险的快速反应能力，而且能强化监督控制的实时性和信息共享性，使企业能够更有效地管理预算风险。该决策支持系统包含管理和信息两大核心部分，在管理系统方面，明确定义管理职能和机构的设置，确保各部分职责清晰，协调一致；信息系统则涵盖从信息的收集和处理到存储、决策和预警的整个管理流程。系统中包括多个功能模块，如信息输入、风险识别、风险分析工具、风险预警及控制，以及风险应对管理，每个模块都旨在增强系统的响应能力和处理效率。通过这样的信息系统，企业能够实时监控预算执行情况，及时发现并应对潜在的风险。系统的高效运行支持企业进行必要的预算监控和流程再造，确保风险管理与价值创造的有效结合，这种互动最终帮助企业实现预算风险最小化和价值最大化的目标。

第二节　预算编制的风险及其管理

### 一、预算编制的风险

预算编制是预算管理流程的关键起点，识别和管理这一阶段的风险对整个预算实施的成功至关重要。在预算编制过程中，企业需要完成多个关键任务，包括设定和下达预算目标、编制和提交预算、进行预算审查与平衡，以及最终的预算审议和批准。预算编制阶段主要包括以下风险。

一是企业的使命和愿景陈述可能过于宽泛或狭窄，缺乏具体的长期目标和战略规划。例如，企业可能将自身定位为"国际一流企业"，这种表述虽然宏大，但缺乏具体可执行的战略方向。

二是企业的经营战略可能不够明确，各职能部门的战略也可能未能有效支持总体经营战略。例如，有的公司的战略仅仅是"资本加技术，发展与合作"，这样的描述过于模糊，无法为预算编制提供清晰指导。

三是多年规划（如五年计划或十年计划）与年度经营计划之间如果缺乏有效链接，可能没有考虑公司内部管理的连贯性和外部环境变化的影响。这种脱节可能在总部和分支机构之间引发预算设定上的冲突，导致年度目标定得过低或过高，不仅影响预算的执行效率，还可能影响预算目标的可靠性和实现性。

四是部门间以及部门内部的预算衔接不畅。如果不同部门之间如销售、生产与资本开支的预算缺乏有效衔接与动态联动，可能导致资源配置失衡，进而影响企业整体运营效率。例如，销售部门可能因为生产部门的资金短缺而无法满足市场需求，或是生产部门因为销售预算的不合理设定而造成生产能力浪费。

五是预算编制中的指标选择偏向于短期成果，如收入和利润，而忽视了对企业财务健康的长期指标，如资产负债表和现金流量表的编制。这种偏重可能导致企业在追求短期利益的同时，忽略长期的财务稳定和可持续发展，进而影响企业在复杂市场环境中的竞争力。

六是企业在编制预算时，往往建立在一系列假设之上，如原材料价格、销售价格、员工薪资，以及税收和其他政策环境等。然而，一些企业在制定次年预算时，常常未能根据环境的变化及时调整这些假设的条件。

七是预算的编报和批准过程可能拖延。一些企业可能从上一年年末就开始编制预算，但直到次年年初才正式下达，此时环境可能已发生变化，使得预算失去时效性。这些风险如果不加以管理和控制，可能会严重影响预算的实施效果和企业的整体财务健康。

## 二、预算编制的风险管理

预算编制风险管理的目标：企业持续、健康发展；股东、员工合理回报；预算先进、合理。预算编制环节的风险管理主要应侧重于以下几个方面。

一是确保企业的使命、远景、战略方向、战略规划与年度业务及财务计划之间的紧密协调是企业成功的关键。战略方向不仅定义了企业选择进入的特定产业领域，还明确了追求的长远战略目标，同时设定了业务发展的限制条件。在这些条件和目标的框架下，战略规划则涉及制定关键的战略决策和概括性行动方案，旨在指导企业实现其长期愿景。年度计划与预算将这些战略进一步细化为具体的行动步骤和详尽的财务目标，确保每一步行动都能够朝着既定目标稳步前进。以一家企业为例，该企业的长期目标是成为国内的领军企业之一，具体目标是跻身国内企业前三名，以销售收入作为关键的业绩衡量指标。根据这一远景，该企业制定了具体的年度经营目标，包括计划销售收入较上年增长40%，并将销售费用率控制在大约25%的水平。此外，企业还细化了销售收入的目标，按照地域、销售渠道和产品结构等因素进行分析和预测，以确保目标的具体性和可执行性。战略层面上，该企业计划通过几个关键措施来实现这些目标：首先，调整产品销售策略，将重点转向终端市场，不仅能提高产品的市场渗透率，还能直接接触最终用户；其次，加强与现有代理商的合作，并积极开拓新的销售地区，以扩大市场覆盖范围；最后，利用资金优势加大对产品研发的投入，升级生产和检测设备，从而提高产品质量和市场竞争力。

二是确保企业预算目标的科学性和合理性，这是预算管理成功的关键。首先，企业需要加强对基础数据的收集和管理，以确保预算目标建立在坚实的数据基础上。例如，利用多维分析，管理层可以深入了解历史数据，分析不同季度和地区的销售情况，无论是直接销售还是间接销售。这种分析帮助决策者通过综合运用切片分析、钻取技术及特殊报告，查找历年预算中未达到或超额完成的原因。结合外部环境变动和营销策略的调整，决策者能够在科学的基础上预测未来期间的销售和利润。其次，提升预测的精确性对于设置实现可能的预算目标同样重要。企业需要密切关注外部环境的变化和竞争对手的动态，以便准确设定销售收入、成本、费用和利润的目标。最后，全面性的预测方法有助于避免基于不实际假设的预算和内部各指标之间的不一致。例如，在预测销售增长和盈利提升时，还需考虑实现这些增长所需的运营资本、设备扩展及资金来源，确保各方面的均衡和可持续性。

三是通过深入分析上一年的经营成果，企业可以依据自身的运营表现、季节性波动、行业发展动态及成本控制能力等多个因素，促使各部门设定现实而具体的目标。预算目标的设立需要在多个维度之间实现均衡，包括短期目标与长期目标、财务目标与非财务目标、领先指标与滞后指标，以及内部评价与外部评价之间的平衡。这种平衡的缺失可能会在预算执行和评估过程中带来潜在问题。为此，企业可以参考平衡计分卡的方法，构建一个全面的指标体系，确保预算目标的全方位协调和一致性，从而有效支持企业战略的实施。

四是对于规模较大的企业而言，运用先进的预算管理软件变得较为关键。这类软件能够大大提升预算编制和汇总的自动化水平，确保预算能够及时地完成上传和下达，有效减轻经理人在处理大量数据的计算和审核工作中的压力，使管理层能够将更多精力投入制定和执行企业的长远规划与战略上，从而更好地推动企业的发展。

五是企业必须加强对预算编制环节的控制，明确规定编制的依据、程序和方法，确保预算的编制既科学又合理，且符合预定的程序，包括清晰规定预算管理部门的职责，以及预算编制、审批、汇总、平衡和执行的详细流程和方法。

六是企业应该确保年度预算方案在预算年度开始前得到完善编制，并获得企业最高权力机构的批准，随后以正式文件的形式下发并执行。对于实行滚动预算的企业，其审批程序也应与年度预算的审批程序保持一致。这些措施有助于企业更有效地管理其财务资源，确保预算的执行更加高效和符合企业战略目标。

七是企业在选择预算编制方法时可以采用固定预算、弹性预算、零基预算、滚动预算、概率预算等多种方法，或将这些方法综合应用。在确定适合的预算编制方法时，企业应考虑符合经济活动的一般规律，同时需适应自身的经济业务特征、生产运营周期及管理需求。预算编制过程应该实现全员参与，采取自下而上及自上而下结合的方式，通过分级编制和逐级汇总，最终实现预算的综合平衡。① 此外，企业的预算管理

---

① 杨小舟. 企业全面预算的风险管理 [J]. 财务与会计，2009（14）：46-48.

部门需承担起加强对各内部执行单位预算编制工作的指导、监督与支持的责任。对于那些预算编制不及时或未能达到既定标准的单位，预算管理部门应及时提出报告并采取相应措施，确保整个企业的预算编制工作能够高效、准确地完成。

# 第三节　预算执行的风险及其管理

## 一、预算执行的风险

在企业预算的执行阶段，包括预算的实施和控制、预算分析及反馈，以及预算的适时调整。这个阶段面临以下主要风险。

（1）责任中心的控制重点可能并不明确。这种不明确可能导致责任划分不清，进而影响整个预算执行的有效性。同时，如果不能准确地进行产品成本核算，就可能导致产品定价错误，进而影响企业产品的市场竞争力或盈利目标的实现。

（2）预算分析报告缺少必要的历史数据、基础业务数据、行业数据，以及与竞争对手的比较信息，导致对业务数据的分析不够深入。流于表面的分析难以揭示经营中潜在的风险，也无法评估经营策略变更的财务后果。

（3）企业未能根据外部环境和市场的变化及时调整业务计划和预算，可能导致资源配置错误或未按规定程序随意调整预算。这种情况下，资源的误配和预算的随意调整可能使企业难以实现其战略目标。

（4）预算执行与控制效果不佳也是一个常见问题，可能表现为预算审批越权、重复审批或预算执行随意，从而妨碍全面预算工作的有效开展和预算目标的实现。这通常是因为预算指标未详细到位，导致预算执行缺乏明确的指向性，执行过程盲目进行；同时，缺少有效的预算监控、反馈及报告系统，使得执行过程中监督不足，事后不能及时进行必要的分析和调整。此外，预算审批的权限和程序可能不够清晰或未被严格遵守，再加上各责任中心和部门的控制重点不明确，都大大增加了实现全面预算目标的难度。

## 二、预算执行的风险管理

在财务预算执行阶段，确保经济活动的精确控制、达成企业设定的各项目标，以及实施正向激励措施是很重要的。全面预算的执行涉及实施预算、计量实际成果、审计数据、分析差异及编制反馈报告等关键任务。在这一过程中，对预算执行与控制环节的风险管理是保证预算目标顺利实现的核心工作。

（1）企业需要明确内部各责任中心预算的控制重点。通常，企业的预算包括销售预算和生产预算，并在结构上涵盖分支机构和总部各职能部门的预算。实践中，许多企业重视管理费用和生产成本的控制，却未能充分关注销售收入以及存货和采购成本的管理，这往往导致预算执行不力。

（2）企业要适应快速变化的外部市场环境，确保产品成本的准确核算。特别是在大型企业中，采用固定的材料计划成本和劳动定额方式可能不足以应对市场的快速变化。企业必须定期更新材料价格、消耗定额和劳动定额，以防成本核算出现偏差。

（3）企业应将费用控制与价值创造相结合。有些企业仍受传统观念影响，如员工差旅政策的严格等级制度，这样可能阻碍费用支出与价值创造的有效对接。同时，职能部门的年末突击花钱行为，为了次年预算的宽松而不顾实际需求，也应得到纠正。

（4）建立有效的预算执行预警机制至关重要。高质量的预算执行分析报告既是控制的基础，也是预警机制的重要组成部分。

（5）坚持预算的刚性过于严苛往往不利于应对快速变化的外部环境。企业面临如市场环境和经营条件的显著变动时，预算应该灵活调整以匹配新的运营实际，确保预算继续为企业的经营活动提供合理的指导和支持。

（6）企业应加强对预算执行环节的管理，明确规定如何细化预算指标、建立预算执行责任制度、特别关注重大预算项目，以及审批预算资金支出的要求。这些措施有助于确保预算的精确执行，并对预算执行情况进行有效的监督。

（7）企业需建立一套完整的预算执行责任制度。企业应定期或不定期检查相关部门及个人对预定责任指标的完成情况，并据此进行考评，这有助于提升员工对预算目标的认真性和执行力。

（8）企业应以年度预算为基础，将其细化为季度预算或月度预算，以便更好地管理和调整各期间的生产经营活动。这种分期预算能有效帮助企业实现全年的预算目标。

（9）对于重大的预算项目和内容，密切追踪其实施进度和完成情况至关重要。企业应加强对资金流动的监控，确保预算资金的收入和支出均符合预算要求，从而保持资金的收支平衡，并严格控制支付风险。

（10）企业需建立一个全面的内部报告系统来监控预算执行情况。预算管理部门应利用财务报告及其他相关资料跟踪预算的执行情况，并及时向企业的决策层及相关执行单位反馈执行进度、偏差及其对预算目标的影响。这样的系统不仅增强预算执行的透明度，还促进企业在变化的市场条件下，有效地完成预算目标。

## 第四节  预算考核的风险及其管理

### 一、预算考核的风险

预算考核中存在的风险主要体现在以下几个方面：首先，预算考核流于形式是一种常见问题。例如，在年度考核时，如果某些分支机构未能全面达成预算目标，管理层往往只需强调外部环境的变化和市场竞争的激烈等因素，考核便可轻易通过，这种做法使得预算考核失去了其应有的监督和激励功能。其次，业绩操纵问题日益突出。一些预算单位在发现难以达到预算目标时，可能采取操纵业绩的手段，如提前确认收入、推迟必要的费用支出或人为增加存货等方式，特别是在预算目标设置较为单一的情况下，这种操纵行为的概率显著增加。再次，预算考核不全面。有的企业在进行预算单位的业绩评价时，往往仅依据预算执行的结果，忽略了对其他重要业务维度的考察。最后，预算考核中设定的指标模糊不清，难以量化，且权重分配不当。例如，某些分支机构可能在预算目标完成上表现优异，按理应获得较高的奖励，无论是货币形式还是非货币形式。然而，总部考核部门可能会以管理层水平低下、企业文化建设不足等因素为由，降低对这些单位的业绩评价，从而扭曲了真实的绩效情况。

### 二、预算考核的风险管理

为了加强预算考核环节的风险管理，企业可以采取以下措施。

（1）建立一个科学的业绩评价体系，包含绩效考核的多重标准，以妥善解决预算管理过程中可能出现的行为问题。业绩评价体系必须与预算目标体系协调一致，确保预算考核主要围绕预算目标与实际执行结果的比对，减少考核过程中的意见分歧。例如，国内一家上市公司在年末进行预算考核时发现，虽然各子公司报告称已实现主要预算目标，但集团整体财务报表显示有巨额亏损。这主要是由于预算目标定义不明确和子公司在业绩上的操纵，有的子公司在预算报告中，仅凭与客户的合同签订和产品发出就确认收入，甚至将未送达客户的订单也视为完成收入。

（2）明确预算考核的具体内容。预算考核应分为两大类：一是对预算目标的考核，二是对预算体系运行的评估。预算目标的考核着重于评价企业运营的效率和效果，不仅包括财务指标如收入、利润和资产周转率，还包括非财务指标如市场占有率和客户满意度，以及长期发展指标如研发、市场推广和渠道开发。预算体系运行的评估则关注企业各预算部门的管理水平，如预算的编制准确性和时效性、执行力的强弱、预算调整的程序正当性及预算分析报告的品质等。许多国内企业往往忽略了对预算体系运行的评估，导致虽年年制定预算，但预算管理效果未见明显提升。

（3）为了增强预算考核的严肃性，企业应当建立一个全面的绩效评价体系和预算执行考核的奖惩机制，坚持公开、公正和透明的原则，对所有参与预算执行的部门和个人进行细致的考核，确保表现优异者得到奖励，表现不佳者受到相应的惩罚，从而不断提升预算管理的有效性。

（4）在预算年度结束时，财务预算委员会应向董事会或管理层报告财务预算的执行状况。报告应包括预算的完成情况和预算审计的结果，以此为基础对各预算执行单位进行全面考核。

（5）各预算执行单位应按照内部管理规范，将财务预算执行报告提交给本部门或本单位的负责人审议。这些经过审议批准的报告将作为企业进行财务考核的基础。

（6）企业的财务预算应根据调整后的预算进行执行，而预算的完成情况则以企业年度财务会计报告为准确依据。

（7）财务预算执行的考核是企业绩效评价的核心部分，应与年度内部经济责任制考核相结合，直接与各预算执行单位负责人的奖励及惩罚相连。这种考核结果还应作为企业内部人力资源管理的一个重要参考，确保企业内部的资源和激励机制得到最优配置。通过这些措施，企业可以确保预算考核的严肃性和效果，推动整体业务的持续改进和发展。

# 第六章  信息时代企业财务风险的控制

## 第一节  企业财务风险控制的原则

财务风险控制是企业管理活动的关键组成部分，并逐渐成为企业经营管理体系的核心内容。因此，在制定和执行财务风险控制策略时，并结合风险控制的特定要求，企业必须遵守企业管理的基本原则。

### 一、符合企业总目标的原则

财务风险控制策略在企业中扮演着至关重要的角色，必须与企业的总目标紧密相连。企业的总目标既是其所有经营活动的起点，也是最终的落脚点。因此，当企业制定财务风险控制目标和策略时，它们必须严格符合并推动企业的整体发展目标。如果企业的主要目标是保持稳定和风险最小化，那么其财务风险控制策略应采取保守和谨慎的方式来设计和执行。这种策略不仅能够保护企业免受突发经济变动的影响，还能确保企业资源的安全有效管理；相反，如果企业的总目标是追求快速增长和扩大市场份额，那么其财务风险控制策略可能需要更为积极和冒险，以便抓住更多的商业机会和潜在的高回报投资。在这种情况下，风险控制策略会侧重于如何平衡风险和回报以及如何利用财务杠杆来实现企业增长目标。

## 二、局部风险与整体风险防范与控制相结合的原则

在企业财务风险管理中，结合局部风险和整体风险的防范与控制是至关重要的。企业的经营成果不仅受到单个部门或项目的影响，而且是多个经营活动和部门互动的结果。因此，在制定和实施风险控制策略时，企业必须全面考虑局部风险控制措施对企业整体风险防范目标的可能影响。这要求企业在处理特定部门或项目的风险时，不能仅追求局部的或部门的短期利益，而应该着眼于企业的整体利益和长远发展。

具体来说，企业在制定局部风险控制策略时，应当以整体风险管理框架和目标为指导，确保所有的风险控制措施能够协调一致，并且相辅相成。这种方法不仅能帮助企业有效识别和管理潜在的风险点，还能防止局部优化带来的整体风险增加。同时，这也意味着企业需要在不同层面和部门之间建立良好的沟通和协调机制，确保风险管理决策的一致性和执行的有效性，从而保护企业免受意外风险的冲击，确保企业资源的最优配置和风险最小化。

## 三、风险防范与风险处理相结合的原则

在企业财务风险管理中，有效结合风险防范和风险处理策略是实现最优风险控制的关键。这种结合反映了对企业风险管理总体目标的深入理解和实践。企业在全面认识到财务风险的本质后，应设计并实施预防性策略以最小化潜在风险的影响。然而，鉴于企业所处的复杂多变的外部环境以及风险管理主体自身能力的局限，某些风险的发生可能不可避免。在这种情况下，企业还需要制定有效的风险处理策略，以便在风险实际发生时能迅速采取行动，减轻损失。

企业不仅需要在风险发生前进行充分的预防，还应在风险发生后有

能力进行有效的干预和修复，包括制订应急响应机制、灾难恢复计划和财务缓冲措施，确保企业能够从风险事件中迅速恢复。通过采取风险防范与风险处理相结合的策略，企业可以更全面地应对财务风险，不仅预防风险的发生，还要优化对已发生风险的管理和控制，从而保护企业资产和维持企业运营的稳定性。

### 四、风险和收益相对称原则

在企业的财务活动中，风险与收益的关系通常是成正比的，这意味着更高的收益往往伴随着更高的风险，而较低的风险则可能带来较低的收益。企业在制定财务策略时，应该充分考虑这一原则，确保风险和收益之间的平衡。为了最大化经济效益的同时控制风险，在提高收益的同时，企业需要采取科学的方法优化运营成本，实施有效的内部控制措施，以提高整体的经营效率。同时，企业还应激发各机构、各部门及员工的工作热情，通过合理配置资源，提高工作效率和质量，从而达到成本控制和风险最小化的双重目标。此外，在财务风险管理方面，企业应当灵活运用财务杠杆，审慎决定融资额度、融资方式及债务比例，以降低潜在的财务风险。

### 五、保持筹资结构弹性原则

保持筹资结构弹性原则是企业财务管理中的一个关键方面，它强调企业融资结构应具有适应理财环境变化和财务目标变动的能力。这种弹性允许企业在必要时调整其融资策略，以应对外部经济条件的波动和内部财务需求的变化。

筹资结构弹性主要体现在数量弹性和成本弹性两个方面。从数量弹性的角度来看，企业应该保持其实际融资量低于可融资量的水平，这样做的目的是在财务环境变得不利时，能够有足够的融资空间来应对突发情况，避免因负债过高而在资金需求增加时面临融资难题，从而减少因资金链断裂带来的企业破产风险。在成本弹性方面，企业应考虑市场利率的波动性，合理选择固定利率或浮动利率的债务。例如，在预期利率将上升的环境中，企业可能倾向于锁定一个相对较高但固定的利率来进行长期融资，从而避免未来利率上升带来的更高成本；或者在某些情况下，选择浮动利率的短期债务以利用当前较低的市场利率，以减少短期内的利息支出。

## 六、兼顾其他主体利益的原则

在企业财务风险控制的实践中，确保考虑并平衡各利益相关者的需求是至关重要的。这些利益相关者包括企业所有者、职工、债权人、政府部门，以及与企业直接经济活动相关的供应商和销售商等。企业在制定风险控制策略时，应全面考虑这些主体的利益，以维持企业的稳定运营和长远发展。如果企业仅关注某一方的利益而忽略或损害其他利益方，不仅会影响企业的声誉，还可能引起法律风险和业务中断等问题，最终降低企业财务风险控制的整体效果。例如，忽视职工的利益可能导致员工士气低落，影响生产效率；而不恰当地处理与债权人的关系可能会造成融资难度增加，影响企业的资金链。因此，企业需在风险管理决策中采取一种整体和谐的方法，通过透明的沟通和负责任的策略制定，确保各方利益得到平衡和保护。

## 七、长短期利益相结合的原则

在企业的财务风险管理中，正确权衡长短期利益是核心原则之一。这一原则指出，企业在面对风险时，应采取相对低成本的措施以预防可能导致未来重大损失的风险事件。通常情况下，这些初期的小额投入可以在未来避免或显著减少潜在的大规模财务损失，从而为企业带来长期的稳定和安全保障。然而，实践中常见的一个问题是，企业决策者有时倾向于追求短期利益，如减少初期的风险控制开支，可能会导致未来更大规模的财务损失。这种短视的决策行为不仅可能危及企业的财务安全，还可能损害企业的长期发展和市场信誉。因此，企业在制定财务风险控制策略时，必须仔细分析每种风险的性质及其潜在的损害程度。在这个过程中，企业需要在短期的风险控制成本与长期利益安全之间找到平衡点。例如，虽然某些风险控制措施可能会在短期内增加企业的运营成本，但从长远来看，这种投资能够显著降低未来潜在风险的经济影响，保障企业资产的安全，支持企业的可持续发展。企业管理层应该具备前瞻性的风险管理视角，不仅关注即时的成本和效益，更应考虑长远的企业健康和稳健成长，从而使企业在动荡不定的市场环境中保持稳定性和竞争力。

## 八、动态适应性原则

企业在其成长和发展的不同阶段，会面临由各种内外部因素引发的不同风险，因此，企业财务风险控制策略的制定和执行必须具备动态适应性，以便及时应对。例如，在企业初创期，主要的风险可能来自技术的不确定性，如技术实现的可行性、市场的接受程度及相关的法律法规等。此时，财务风险控制策略应专注于减轻这些技术风险的潜在影响。

随着企业逐渐过渡到稳步发展阶段，风险的性质可能会转向管理层面，如组织结构的调整、内部控制的完善、供应链的管理等。在这一阶段，财务风险控制策略需要适应这些变化，加强对管理风险的监控。此外，企业在成熟期或扩张期可能会遇到市场竞争加剧、经济周期波动等外部风险。在这种情况下，企业的财务风险控制策略应进一步优化，以保持企业的财务稳定性和市场竞争力。

## 九、治标与治本相结合的原则

在企业财务风险管理中，采取治标与治本相结合的原则是至关重要的。这意味着在应对财务风险时，企业不仅要迅速采取应急措施以应对即刻的危机，还必须深入分析风险的根本原因，制定长期的解决策略。应急措施（治标）主要是为了快速响应，减轻风险短期内可能造成的影响。例如，在资金流紧张时寻找临时融资解决方案，或者在面临市场波动时调整销售策略和定价模型。这些措施虽然能够暂时缓解问题，但不能从根本上解决问题。因此，企业还必须探索风险的深层次原因，并制定治本的策略，包括优化财务结构、改进内部控制系统、重新设计企业的风险评估和管理流程。例如，企业频繁面临资金短缺的问题，可能需要从根本上改善现金流管理和成本控制策略。通过标本兼治的方法，企业不仅能够有效地应对当前的财务风险，还能在未来预防相似风险。从长远来看，将增强企业的财务稳定性，支持其持续发展。

## 十、成本效益比较的原则

在企业财务风险管理中，遵循成本效益比较的原则至关重要。这个原则要求企业在采取任何预防和治理风险的措施时，都必须评估其成本与所带来的效益是否相称。理想情况下，企业应以最小的成本实现最大的安全保障。这意味着，如果避免风险的收益不足以覆盖防范和控制风险所需的投入，那么这种风险控制活动可能就不具备经济效益，从而失去实施的意义。

在实际操作中，确定风险控制的成本相对容易，包括转嫁风险的费用、自行承担风险的资金成本以及控制损失所需的各种投入等。然而，风险控制的效益评估却较为复杂，因为风险发生的不确定性使得安全保障的实际效果难以精确预测。尤其是在短期内，风险控制措施带来的经济收益往往难以立即体现。因此，企业在制定和实施风险控制策略时，必须采取科学的态度和长远的战略眼光。不仅包括对成本和潜在收益的综合评估，还应考虑风险控制活动对企业整体安全、长期发展和市场声誉的潜在正面影响。

### 十一、健全性原则

在企业财务风险控制中，遵循健全性原则至关重要。这一原则要求财务风险控制措施全面覆盖企业的所有业务领域、部门、机构及所有层级的员工。为了确保风险管理的全面性，控制措施需要融入企业运作的每一个环节，包括决策制定、执行过程、监督检查及反馈修正。这种全面覆盖确保了无论是在策略层面还是在操作层面，企业都能有效识别和应对潜在的财务风险。

### 十二、有效性和制约性原则

财务风险控制的有效性和制约性原则强调通过科学的控制手段和方法来构建企业内部的财务管理体系。根据这一原则，企业要建立合理的控制程序和进行清晰的责权界定，确保各部门和各岗位之间能相互制衡，防止权力过度集中或滥用。每项财务控制措施都应该是实际可操作的，确保能够在日常运营中得到有效执行。此外，企业还应定期审视和调整财务控制系统，以应对外部环境的变化和内部运营需求的更新，确保系统的持续有效性。

## 第二节　企业财务风险控制的内容和目标

### 一、企业财务风险外部控制的内容

企业财务风险的外部控制关注的是如何应对和管理由外部环境变化引起的财务风险，包括深入分析和评估外部环境变动对企业财务状况的潜在影响，以及采取相应措施来减轻这些风险可能带来的财务损失。有效的外部风险控制需要企业对其所处的总体环境和特定产业环境进行持续的监测和评估。

总体环境包括经济、科技、自然环境等宏观因素，这些因素可能间接影响企业的财务表现和风险状况。例如，经济衰退可能导致资金成本上升，而政策变动可能引发市场不确定性。产业环境则更为具体，涉及供应链动态、竞争对手行为、客户需求变化等，这些都直接关系企业的日常经营和财务健康。为了有效控制这些外部财务风险，企业需要建立一个全面的风险监测系统，定期分析这些环境因素的变化，并预测其对企业的可能影响。企业应设计灵活的应对策略，如多元化投资、保险覆盖、合约安排等，以缓解外部变化可能带来的负面影响。

## （一）对总体环境不确定性的控制

管理总体环境的不确定性涉及对广泛影响各行各业的环境因素的监控和应对。这些不确定性因素包括经济、科技及自然环境等。

### 1.对经济环境不确定性的控制

经济环境作为影响企业运营的关键因素，包括社会经济结构、经济发展水平、经济体制及国家的经济政策等多个维度。这些因素的不确定性变化，无疑会对企业的经营成果产生深远影响。例如，经济衰退可能导致消费者支出下降，影响企业的销售收入；银行利率的调整可能影响企业的借贷成本等。

为了有效管理这种不确定性并降低其对企业财务的潜在威胁，企业需要积极了解和分析这些经济因素的动态变化。通过建立一个全面的经济信息监控系统，企业能够及时捕捉到重要的经济指标和政策变动信息，从而进行预测和准备。此外，企业应该设计灵活的经营策略，以适应经济环境的波动，如调整定价策略、优化成本结构和多元化投资以分散风险。

### 2.对科技环境不确定性的控制

在知识经济时代，科技进步快速且影响深远，对企业的生产方式、产品服务和市场竞争力都有显著的影响。科技环境的不确定性涵盖科技水平、科技力量、科技体制、科技政策等多个方面。企业若要保持竞争优势，必须紧跟科技发展的步伐，不仅要求企业具备敏锐的科技趋势观察能力，还要求企业能够快速适应技术变革带来的挑战和机遇。企业可以通过建立研发部门，加强与科研机构和高等院校的合作，确保技术更新的速度与市场需求保持同步。

3.积极面对自然环境的不确定性

自然环境的不确定性包括极端天气、自然灾害等不可抗力事件，这些可能在短时间内严重影响依赖自然资源的企业运营。例如，农业、旅游业等行业对自然环境的依赖性较高，其遭遇自然灾害可能导致生产中断、设施损毁和客流量减少，从而对企业的财务状况产生重大影响。为了减少这类风险的负面影响，企业需要制订详尽的风险管理计划和应急预案，如投保适当的保险以分散风险，建立灾后恢复机制，以及实施灵活的供应链管理策略以应对可能的供应中断。此外，企业还应加强对气候变化趋势的监测和分析，以更好地预测和准备应对可能的自然风险，保证企业能够在不稳定的自然环境中维持持续的运营和财务稳定。

（二）对产业环境不确定性的控制

探讨产业环境不确定性时，主要聚焦三个核心领域：产业要素市场、产业产品市场及产业竞争。

1.控制产业要素市场的不确定性

产业要素市场的不确定性涉及企业经营所需的关键输入要素，如资金、技术和人才。这些要素的市场供应可能因多种因素受限，如市场供应商数量有限或存在高度集中的卖方垄断情况，可能导致供应不稳定和价格波动。这类外部市场的不确定性如果管理不善，可能给企业造成严重的财务风险。因此，企业需要进行深入的产业要素市场调查与分析，通过建立合理的风险评估机制和采用灵活的应对策略，有效降低这些不确定性带来的风险，从而保障企业的稳健运营。

2.控制产业产品市场的不确定性

产业产品市场的不确定性主要体现在产品需求的非预期波动上，包括消费者偏好的变化、市场中新替代品的出现、互补商品的缺失以及对进口政策的调整等因素。这些变化可能对企业的市场定位和财务状况造成影响。为了有效应对这些不确定性，企业必须持续进行市场调查，深入了解消费者行为和市场趋势，并根据所收集的数据调整市场策略。

3.控制产业竞争的不确定性

产业竞争的不确定性通常源自竞争者的市场策略变动，或是其他企业在技术和工艺上的创新，这些都可能对企业的市场地位构成挑战和威胁。此外，潜在的新竞争者的加入也可能引起市场竞争环境的动荡。为了有效应对这些不确定性，企业需要深入了解竞争环境及对手的战略动向。通过持续的竞争分析和策略调整，企业可以更好地适应市场变化，实现知己知彼，从而减少潜在风险。此外，与同行业的企业建立合作关系，共同提高行业准入门槛，也是限制新竞争者数量、维护现有市场秩序的有效策略。

## 二、企业财务风险内部控制的内容

企业财务风险的内部控制内容主要聚焦企业内部的组织架构、部门间的结构分工、合作流程，以及内部风险管理人员的素质和职责等方面。通过对这些关键因素的精细管理，企业可以有效地控制和缓解可能面临的财务风险，从而降低因风险管理不当而导致的财务损失。企业内部控制的具体内容涵盖了以下两个重要领域：第一，对内部组织结构的控制是核心，包括优化组织架构设计、明确各部门职责，以及强化部门之间的沟通与协作机制。这样做能够确保信息的快速流通和决策的效率，减少因结构混乱或职责不明确带来的内部摩擦和误解。第二，对风险管理人员的控制，涉及对风险管理团队的专业培训、职责分配及评估机制的建立。通过提高风险管理人员的专业能力和责任感，加强他们对企业财务风险敏感度，可以在风险初现时及时采取有效措施，防止小问题演变为大危机。总之，企业通过强化内部控制措施，不仅能够更有效地管理和降低财务风险，还能够提升整个组织的运行效率和响应市场变化的能力。

（一）对内部组织结构的控制

企业内部组织结构的优化是实现高效管理和减少财务风险的关键。良好的组织结构能够使企业机构精简而高效，职能分工明确，调动个体的积极性与创造性，同时维持组织的高度统一与和谐。在系统功能大于部分功能之和的系统论指导下，优秀的组织结构能提高资源使用的综合效应。效率低下的组织结构，可能会出现机构臃肿和人员冗余现象，导致资源浪费；职能不清和职责重叠可能引起职权滥用；责权不匹配则可能导致员工消极怠工，这些问题都会严重影响企业的运营效率和财务健康。

有效的组织结构调整应考虑企业的实际需求，而非追求表面的完美。例如，在资源有限的小企业中，财务风险管理任务可以由财务部门兼顾，不仅节约成本，还能有效整合风险控制功能。企业应当根据运营实际，灵活设置或调整部门职能，以适应市场和内部发展的需要。为了控制因组织结构问题引发的财务风险，企业需要不断审视和调整自己的内部结构。精简机构，减少管理层级，合理设定管理跨度以及定期考核管理人员的表现，都是确保组织高效运行的重要措施。此外，企业还需强化职能部门之间的合作，确保各部门能有效协同工作，共同推动企业目标的实现。在风险管理方面，及时识别并解决由于组织结构缺陷引起的问题至关重要。一旦风险发生，企业应迅速定位问题源头，采取措施限制风险扩散，并对事件进行彻底的分析和总结，从中吸取教训，优化管理策略，以防未来同类风险再次发生。

（二）对风险管理人员的控制

在企业的经营中，人的作用是不可替代的，特别是风险管理人员的素质在很大程度上决定了企业应对市场波动的能力。高素质的风险管理人员能够有效驾驭市场、主动管理风险，而素质较差的风险管理人员可能使企业陷入被动，甚至制造或放大风险。因此，企业在选拔和培养风险管理人员时，必须着重培养其风险管理能力和市场应变能力。

虽然理论上存在多种度量和分析财务风险的方法，如概率统计分析法、财务杠杆分析法和敏感性分析法等，但它们大多基于对市场和企业环境的假设，理论上看似完善，却缺乏实践验证。现实中的市场环境是复杂和多变的，不会完全符合理论上的假设条件，这就要求企业风险管理人员不仅要掌握这些理论知识，更重要的是有能力将理论应用到实际情况，做出恰当的职业判断。这种职业判断的形成，依赖风险管理人员对市场动态的敏感度及对潜在风险的预见能力。因此，培养风险管理人员的风险意识，提高他们对风险因素的识别和反应速度是非常关键的。在分析财务风险时，企业风险管理人员不仅要运用理论方法，还需要对所处的具体环境和方法的适用性进行深入分析，对相关的假设条件进行合理的调整和估计。当企业采取防范和规避风险的策略时，这些策略的有效性很大程度上取决于企业的管理规范和科学性，不恰当的策略运用不但不利于风险管理，反而可能加剧企业的风险程度。应对风险管理人员严格要求，确保他们能够合理应用风险管理工具，在理论与实践之间架起桥梁。

在市场经济的大环境下，企业财务风险管理的重要性日益凸显，这不仅因为其任务繁重、涵盖范围广泛，还因为其所面临的挑战日益增多。因此，加强财务风险管理的基础性工作变得尤为关键，同时对财务风险管理人员提出了更高和更新的要求。更新观念和提高认识是首要步骤。财务风险管理人员需要树立符合现代企业需求的新理念，涵盖风险、市场、信息等方面。这样的思维更新将帮助实现企业财务活动的重要转变：一是从事后的被动反应转向全过程的主动管理，二是从传统的财政依附性向真正服务于企业核心业务转变。这种转变能够确保财务管理工作紧贴企业经营的实际需求，积极捕捉并利用各种财务信息，从而有效地推进财务风险管理的基础工作，全面服务于企业的经营和目标实现。此外，财务风险管理人员还需不断充实自己的知识库，不仅要有深厚的财务管理知识，还应具备广泛的综合知识和能力。通过参与后续教育和培训，财务风险管理人员可以完善自己的知识结构，使自己成为既懂财务又通晓业务的复合型高素质人才，能够更深入地研究和解决管理中存在的问题，从而进一步强化企业的财务风险管理基础，提升企业管理的整体质量和效率。

　　企业需为财务风险管理人员设定明确的职责。这些职责涵盖了研究和设计公司的财务风险管理体系、制定和实施公司财务风险管理规范、组织实施逾期资金的催收工作，以及管理并处理因债权而形成的实物资产。虽然财务风险管理涉及众多部门，但财务风险管理人员在其中承担着核心角色，他们需要确保相关部门人员明确自己的职责，并树立正确的风险管理意识。认识到企业财务风险的客观存在与避免、控制及处理这些风险中的人为因素至关重要。财务风险管理人员应提高抗风险能力，不断学习和总结经验，提高管理能力，探索有效的财务风险处理策略和方法。为了确保信息的透明性和管理的连续性，财务风险管理部门还应定期向上级和相关部门报告工作进展和风险状况，以促进企业内部的沟通和协调，增强企业整体的风险管理效果。

### 三、企业财务风险控制的目标

　　设定明确的企业财务风险控制目标是探索有效财务风险管理策略的基础。企业在控制财务风险的过程中，必须确保目标涵盖多个关键方面，以保障管理措施的有效性。首先，企业应减少或消除经营活动中不确定性因素的影响，这些不确定性可能包括市场波动、政策变化或外部环境的不利因素，只有有效应对这些不确定性，才能保障财务稳健性。其次，企业应优化财务风险控制系统的动力机制和运行机制。企业要不断完善内部管理流程，确保风险控制系统的运行更加高效，以提高财务风险管理的能力和水平，从而提升整体管理成效。这些目标的实现能够有效控制财务风险的发生和扩散，改善企业的财务风险状态，防止财务危机蔓延。同时，企业通过这些措施能够增强资金运作的效益性与持续性，确保资金在使用过程中得到合理的配置和最大化的利用效果。这不仅能提升企业的盈利能力，还能够确保企业在复杂的市场环境中持续发展，最终实现企业价值最大化。

财务风险控制的目标呈现出一定的层次性和内在联系。具体来说，减轻或消除不确定性的影响、完善财务风险控制机制、提升财务管理能力等是企业实现财务风险控制的手段。这些手段共同服务于控制财务风险产生和扩散、改变企业财务风险状态的直接目标。

企业财务风险控制目标之间的逻辑和层次依赖关系如图 6-1 所示。

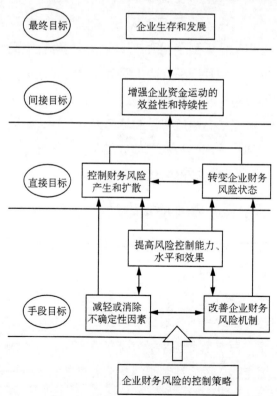

图 6-1　企业财务风险控制目标之间的逻辑和层次依赖关系

根据企业的财务风险控制目标体系层次图，对各层次目标的内涵进行具体分析。

### （一）企业财务风险控制的最终目标

企业财务风险控制的最终目标是确保企业能够长期生存并实现持续发展。从系统论的角度来看，企业的生存体现在其输入、转化和输出功能能够正常运作，并满足所有利益相关者的基本需求。企业生存成功与否，关键在于这些需求是否得到了有效的满足。而企业的持续发展则体现在其内部系统功能从较落后的状态逐步向更高效、更先进的状态演进，其发展能力通常通过在技术、管理、资本和人才等方面竞争力的提升来衡量。

从财务管理的角度来看，企业的生存和发展与其资金的效益性和持续性密切相关。这意味着，要实现企业财务风险控制的最终目标，企业必须确保资金运作的高效性和持续性。因此，企业财务风险控制的最终目标实际上依赖于这些间接目标的实现。

### （二）企业财务风险控制的间接目标

企业财务风险控制的间接目标主要集中在提高企业资金运作的效益性和持续性。资金运作的效益性反映了资金在"资金—成本—收入—利润—资金"循环中的增值能力，通常通过财务指标如总资产报酬率、净资产报酬率、成本费用利润率等来衡量，以体现企业的盈利能力。而资金运作的持续性则指资金循环的连续性以及资金净流量和周转速度的持续增长，可以通过固定资产周转率、流动资产周转率等指标来评估企业资产的运转效率。要实现这些效益性和持续性目标，企业必须成功控制财务风险的发生与扩散，并改善其财务风险状况。换句话说，间接目标的实现依赖于直接目标的达成，这两者紧密关联，相互影响。

### （三）企业财务风险控制的直接目标

企业财务风险控制的直接目标专注于管理和缩减企业财务风险的产生与扩散，以及促进企业从高风险状态向低风险或无风险状态的转变。具体而言，控制企业财务风险的产生意味着采取措施预防财务状况恶化和经营成果下降，包括识别和评估潜在的财务威胁，制定相应的策略以避免这些威胁成为现实。此外，当风险已经显现时，控制其扩散的目标则是防止这些问题进一步恶化，从而保护企业免受更大的损失。

企业在风险管理过程中还需要实现财务风险状态的转移，即将企业从当前的高风险状态调整至更安全的状态。需要企业不仅在策略上反应迅速，还要在结构和操作上进行调整，如改善财务管理系统、优化资源配置和加强内部控制等。为了实现这些直接目标，企业必须以降低不确定性影响为基础，改进财务风险管理机制，增强企业对市场变化的适应能力和风险预警系统的敏感性。此外，企业还需提升管理团队的风险意识和处理能力，通过教育和训练提高他们的专业水平。实现企业财务风险控制的直接目标不仅依赖于有效的风险识别和管理策略，还需要确保这些策略能够在组织内部得到快速和一致的执行。

### （四）企业财务风险控制的手段目标

企业在控制财务风险的过程中，其手段目标涵盖多个方面，核心目标包括减轻或消除不确定性的影响、改善企业财务风险机制和提升财务风险控制的能力、水平及效果。

首先，缓解或消除不确定性的影响，要求企业构建一个目标明确、具备前瞻性、方法科学、信息完备及程序合理的决策系统。这样的系统有助于减少内部管理决策的不确定性，并增强企业对外部环境变化（如政策、市场、技术等因素）的感知与应对能力。使企业能够及时、准确、有效地处理各种紧急事件，从而有效地控制财务风险的产生与扩散。其次，优化企业财务风险管理体系，构建合理有效的激励与约束机制。可以提高企业各相关者对财务风险的认识，使其意识到风险对自身利益的潜在威胁，从而激励他们采取行动优化风险控制的行为，并增加对风险控制的资源投入。再次，提高企业财务风险控制的能力和水平，主要通过完善财务风险管理机制和提升企业管理决策的能力来实现，包括加强企业内部的风险评估、监控机制和决策流程，确保财务决策的科学性和适时性，以适应复杂多变的市场环境。最后，提升财务风险控制的效果，要求企业在资源投入与风险控制之间找到最佳平衡点，即以最小的资源投入，达到最大的经营安全和风险防范效果。不仅需要精确的风险测评和成本效益分析，还需要持续优化风险管理策略和执行过程。

在企业财务风险控制的目标体系中，存在一种层级关系，其中上层目标为下层目标提供指导和约束，而下层目标则为上层目标提供保障和支持。具体来说，手段目标为直接目标的实现提供基础，直接目标的达成又是实现间接目标的关键支撑，而间接目标的完成进一步推动企业最终目标的实现；反之，完成企业的最终目标有助于推动间接目标、直接目标及手段目标的实现，从而形成企业财务风险控制的一个良性循环。

## 第三节　企业财务风险控制框架的构建

目前，我国一些企业所处的行业的市场发展较小和组织结构较为陈旧，融资能力普遍较弱，导致这些企业缺乏持续的竞争力。因此，企业在进行投资决策时必须认真分析和科学评估目标产业及其产品市场的发展前景，全面理解市场供需关系，以防在投资和运营过程中出现资金链断裂的风险。企业应在投资收益、可承受的风险和投资风险之间寻找平衡，确保在可控的风险范围内选择更合适的投资方案和经营策略，避免过度扩张和多元化投资的陷阱。企业还需提升自身信用度，建立健全的财务报表系统，提高管理人员和财务人员的专业能力，加强应收账款的管理。建立有效的财务风险预警机制，维护合理的资金结构和负债比率，合理利用杠杆效应，并完善财务控制制度，都是确保企业稳定运营的关键因素。我国企业财务风险控制框架如表 6-1 所示。

表 6-1　企业财务风险控制框架

| 框架构成 | 构建项目 | 具体内容 |
|---|---|---|
| 科学的财务决策体制 | 建立科学决策机制 | 建立由专家、技术人员、管理者和职工代表参加的决策领导机构 |
| | 设计科学财务决策程序 | 健全决策信息系统、规范决策流程（事前、事中、事后） |
| | 科学投资决策，防范投资风险 | 1. 为尽快收回投资，多采用中短期投资<br>2. 扬长避短，多采用对内投资方式。一是对新产品试制投资；二是对技术设备更新改造投资；三是人力资源投资<br>3. 对外投资以直接投资为主 |
| 健全财务控制体系 | 财务控制主要内容 | 1. 成本控制<br>2. 资金控制<br>3. 利润控制 |
| | 财务控制组织体系 | 1. 建立以成本控制为中心的成本控制体系<br>2. 建立以财务部经理（科长）为中心的资金控制体系<br>3. 建立以企业总经理（厂长）为中心的利润控制体系 |
| | 财务控制方法 | 1. 定额控制法<br>2. 程序控制法<br>3. 预算控制法 |
| | 建立内部审计监督机制 | 1. 改革创新内部控制制度<br>2. 配套建立内部审计监督机制 |

续　表

| 框架构成 | 构建项目 | 具体内容 |
|---|---|---|
| 完善财务约束与激励制度 | 直接激励约束机制 | 1. 激励性报酬安排<br>2. 资本结构安排<br>3. 行政约束 |
| | 间接激励约束机制 | 1. 经理人才市场<br>2. 企业控制权接管 |
| 加强资金运作风险控制 | 核定资金合理需要量 | 1. 编制现金预算<br>2. 计算现金收入、现金支出、现金多余或不足 |
| | 确定筹资方案 | 1. 现金销售<br>2. 赊销<br>3. 内部职工借款<br>4. 外部筹资 |
| | 加强现金流量管理，严格资金支出 | 严格控制现金流入和流出，确保资金有序流动 |
| | 推行全面预算管理 | 逐级编报、逐级审批、滚动管理 |
| | 加强内部审计监管 | 事前预防、事中控制、事后审计 |
| | 加强资金支付审批管理 | 授权审批 |
| 控制贷款风险 | 贷款风险管理 | 1. 控制融资额度，不以融资需求为唯一标准<br>2. 采用替代性的担保方式：个人担保、群体担保、强制储蓄、还贷激励、政策性担保 |
| | 贷款风险流动性管理 | 1. 根据服务对象设计不同的贷款方式<br>2. 通过强制储蓄、再贷款等手段进行流动性管理 |
| | 建立健全金融支持体系，拓宽直接融资渠道 | 1. 深化金融体制改革<br>2. 建立企业融资网络<br>3. 制定扶持企业发展的优惠筹资政策 |

续　表

| 框架构成 | 构建项目 | 具体内容 |
|---|---|---|
| 建立企业财务风险预警 | 多变量模式 | Z-score 评分模式 |
| | 经营性指标预警 | 1. 市场占有率<br>2. 产品销售率 |
| | 企业安全程度预警 | 1. 经营安全率：安全边际率、安全边际、盈亏临界点销售额<br>2. 资金安全率：正值表示财务状况良好<br>3. 主营业务利润率 |
| | 财务指标预警 | 1. 盈利能力指标：资产利润率、销售利润率<br>2. 变现能力及偿债能力指标：流动比率、速动比率、资产负债率、已获利息倍数<br>3. 财务杠杆 DFL<br>4. 资本管理能力效率：存货周转率、应收账款周转天数、流动资金周转天数<br>5. 现金流量指标预警：现金流量结构分析、流动性分析、现金偿债能力分析 |
| 完善风险防范措施 | 风险防范策略 | 1. 分散策略<br>2. 回避策略<br>3. 转移策略（保险转移、非保险转移）<br>4. 自留策略 |
| | 筹资风险防范 | 1. 完善自身<br>2. 向职工和社会募集资金<br>3. 均衡安排长短期负债<br>4. 尽可能利用商业信用和现金折扣<br>5. 防范利率和汇率变动带来的筹资风险 |
| | 投资风险防范 | 1. 寻找市场空间和定位<br>2. 选好投资项目<br>3. 适时扩张规模 |
| | 资金回收风险防范 | 1. 应收账款风险防范：建立和执行合理的信用政策；建立客户档案，进行账龄分析，做好收账监督<br>2. 存货风险防范：不良存货风险防范；存货价格风险防范；存货规模风险防范 |
| | 收益分配风险防范 | 1. 采取稳健、适度偏低的收益分配政策<br>2. 重视人力资本的收益分配 |

无论企业正处于哪一阶段——生存、发展或盈利，控制财务风险都是其维持市场竞争力的核心要求。有效地控制、预防和解决财务风险是企业在竞争激烈的市场环境中保持优势的关键。

## 一、构建科学的财务决策体系

创建科学的财务决策体系的关键在于形成有效的决策机制和程序。这需要在深入的民主讨论和认真的调研基础上，运用系统分析的方法和科学的策略与技术，确保决策者的主观判断与客观现实之间能够达到理想的一致性。

### （一）建立科学的决策机制

确保投资决策的准确性要求构建一个由专家、技术人员、管理层及职工代表组成的决策指导团队。一个高效、具备强技术背景、管理经验、经营能力及创新思维的决策团队是进行有效投资决策的核心。鉴于企业内部涉及多个决策主体，且每个主体的决策权限不同，合理划分这些权限对于风险管理尤为重要。特别是对于企业中的能动性风险，如决策风险，因其复杂的成因和难以量化的特性，所以这类风险的控制颇具挑战性，而这些风险的主要来源是企业的高层管理者。对于这种类型的风险，控制策略应该聚焦人的控制，包括自控和外控两个方面。决策者的自控指的是决策者通过激发主观能动性，努力克服个人局限，提升认知能力，全面掌握必要信息，并严格遵循科学决策的标准和程序进行决策。决策者需要根据决策的特性改进思维方式，以减少错误。在群体决策中，还应考虑群体决策的特点，合理设定决策群体的规模，加强成员间的信息交流，明确各自的责任。鉴于企业运营的复杂性和不确定性，企业决策者急需改善和培养以下几种思维方式。

（1）预见性思维。预见性思维是应对不确定决策的关键，其培养可从以下几个方面展开。

①提高预见背景。决策者需不断丰富自身的知识，提高自身的能力，努力形成合理的知识结构。这涉及提升知识水平和应用能力，以便更好地理解和预测未来趋势。

②增强角色意识。角色意识对于思维方式具有指导和调整的功能，其强度直接影响到预见性思维的效果。因此，决策者应增强自我在角色中的认知和定位。

③掌握预测技术。持续学习和掌握各种预测工具和技术，包括定性与定量预测、时间序列预测及概率预测等，以便更准确地分析和预见未来发展。

④重视调查研究。通过深入调查和研究创新项目的相关问题，总结历史经验，可以更准确地预测未来走向和可能的挑战。

（2）敏捷性思维。敏捷性思维是处理经营和技术创新中不可预见事件所需的迅速、及时、果断的思维模式。为了有效实施这种思维方式，决策者需要关注以下几点。

①迅速获取准确信息。在市场环境变化迅速的情况下，及时获得并处理信息至关重要。

②把握时机果断行动。在适当的时机迅速做出决策，利用短暂的机会窗口。

③保持随时准备状态。由于随机现象的不确定性，它们可能突然出现或不出现，也可能频繁或偶尔发生，决策者需时刻准备好迎接可能出现的任何情况。

（3）多维性思维。多维性思维是一种全面且复杂的思维方式，它强调从多个角度和层面考虑问题。这种思维方式不仅关注单一的问题或视角，而且整合多种事实、观察角度、理论原则和逻辑规则来进行思考。决策者运用这种思维能够从多个标准和方面对决策目标进行深入分析，从而更接近真实的决策认知。

在管理财务风险方面，决策者需要认真分析财务的宏观环境及其变化，以增强企业对环境变动的适应和应对能力。企业应通过持续的、科学的宏观环境分析，掌握变化的趋势和规律。基于这些洞察，企业应制定多元的应对策略，适时调整策略和管理方法。

### （二）设计科学的财务决策程序

在设计科学的财务决策程序时，建立一个健全的决策信息系统至关重要。这个系统需要全面地收集、整理和储存信息，以确保信息的准确性和及时性。减少信息传递过程中的损耗和延误，可以有效降低决策成本。基于详尽的调查研究，职能部门应提出多种可行的方案，这样决策者可以在众多方案中做出明智的选择。

决策流程的规范化是实现有效财务管理的关键。每项决策都应遵循严格的规定流程，这一流程涵盖事前、事中和事后各个阶段。在事前阶段，进行细致的市场调研和分析，结合专家评估与民主评价，对项目进行全面的可行性分析。在事中阶段，应加强对实施过程的检查与监督，确保方案的执行符合预期目标。在事后阶段，需要进行效果评估和反馈，对实施结果进行分析，以便不断优化决策流程。

在方案的制订和选择上，决策过程应兼顾集体智慧和集中决策的优势，既要发挥团队集思广益，也要确保决策的迅速和效率。方案应具备多样性和可行性，评审过程需要科学严谨，以选出最优方案。实施决策方案时，应坚定不移，迅速行动，确保方案能够被有效执行，从而提升整体的决策效率。

### （三）科学投资决策，防范投资风险

在制定科学的投资决策和防范投资风险方面，企业通常倾向于选择风险较低且低收益的投资项目而不是风险高但潜在回报大的项目。随着财富的积累，这种规避高风险投资的倾向更为明显，尽管仍有一些投资者愿意承担较大的风险。

为了有效地规避投资风险并快速回收投资，多数企业选择中短期投资策略。相对于长期投资，这类投资规模较小、不确定性较低，并且风险也相对较小。长期投资虽能带来较高回报，但因涉及更大的资金规模和更多的不确定性，故风险亦随之增加。强化对内投资，如在新产品的试制、技术设备的更新改造及人力资源（尤其在管理型和技术型人才的投资）方面，被视为企业获得竞争优势的关键。这种对内投资有助于企业加强其内部实力，从而更好地应对市场变化。对于有实力的企业来说，对外投资通常以直接投资为主要形式。直接投资不仅可以是现金投资，还可以是实物或知识产权投资，与只能通过购买股票或债券的间接投资相比，直接投资提供了对被投资企业更大的控制权和决策权。如果企业能够达到控股份额，直接投资还可以为企业带来新的利润增长点。企业也可以考虑进行间接投资，特别是当有少量闲置资金时，能够提高资金的使用效率。这种灵活的资金运用策略，既可以利用直接投资控制投资对象，又能通过间接投资灵活应对市场变化。

在投资决策过程中，企业应加强对投资项目的可行性研究，深入论证投资方案的合理性。通过这种持续的优化过程，不断提升投资决策的科学性和有效性。同时，企业应加强项目投资的监理工作，确保项目的顺利实施并加强项目实施过程中的控制和管理，从而最大限度地降低风险。

成功的投资不仅是选择正确的投资项目，更包括对项目实施的有效监督和管理。企业应从每个投资项目中学习和总结经验，将这些经验应用于未来的投资决策中，从而在不断变化的经济环境中保持竞争力。

## 二、健全财务控制体系

财务控制对企业所有财务活动提供了必要的指导和约束，它是确保企业按照预设的财务目标执行的一系列管理措施，同时是企业内部控制机制的关键环节。对于那些行政管理层较为精简的企业而言，建立一个健全的财务控制体系尤为关键。

## （一）企业财务控制的主要内容

企业财务控制的主要内容包括以下几个方面。

1.成本控制

涉及对企业各项费用和物质消耗的持续监控，并及时调整任何偏离预定计划的行为，确保所有开支都严格按照预算执行。

2.资金控制

通过适时的资金流量限制和调整，保障企业的生产和经营活动能够顺畅进行。这一控制旨在确保资金的供应、合理使用和高效周转，从而优化企业的财务效率。

3.利润控制

企业通过设立基于产品类别或不同经济责任区域的利润责任中心，对各个业务单元的盈利能力进行系统化监督和管理，目的是最大化企业的利润。这种做法有助于精确地追踪利润来源并强化利润责任感。

## （二）企业财务控制的组织体系

为了有效执行上述财务控制策略，企业需要构建一个三层面的内部组织控制系统。

1.成本控制系统

企业应设立以成本会计为核心的成本控制中心，整合生产、供应、销售、质量、技术、设备及后勤等部门的职能科室负责人，共同负责成本的监督与管理。

2.资金控制系统

以财务部经理（科长）为核心，主要负责管理企业的现金和银行存款。在现金管理方面，财务部经理需确保所有超出规定限额的现金及时存入银行，以确保资金安全；此外，所有支出都必须经过财务部经理的审批，并获得企业分管领导的批准后方可执行。在银行存款管理方面，财务部经理需根据企业的运营计划和市场变化，拟订每月的资金使用计划，并在得到企业经理（厂长）的批准后实施，确保银行存款的使用既安全又有效。

3.利润控制系统

以企业总经理（厂长）为领导的利润管理中心，具体由企业财务部门负责实施。这一系统旨在全面监控利润生成和分配，确保企业利润最大化。

## 三、企业财务控制的方法

企业财务控制可通过以下方法有效实施。

1.定额控制法

这种方法主要涉及对企业生产和经营活动中各种物资和材料消耗的定量限额管理。具体设定定额可以通过技术确定法、统计分析法和经验估计法等来实现，以确保资源使用的效率和经济性。

2.程序控制法

企业通过制定一系列内部控制程序来实现财务控制，包括职责分离、审批手续、凭证与记录及监督检查等关键环节。确保职责的适当分离有助于防止权力过度集中。合理的审批程序则确保所有财务操作都经过适当的审核流程。准确的凭证和记录系统是财务透明度和可追踪性的基础，而严格的监督和检查程序则确保所有控制措施得到有效执行。企业应定期并全面地检查这些控制程序，包括原始凭证的审查、资产实物与会计记录的核对，以及对管理部门的报告进行复核，从而确保控制措施得到实际应用和持续优化。

3.预算控制法

在企业管理中，预算控制法是一种通过层层编制并严格执行经财务部门审核下达的预算来达到财务控制目标的方法。此方法确保了企业在财务管理上的严格和高效，促进了经济责任与企业成果的直接联系。企业财务部门每月都会组织考核，将考核结果与各预算单位负责人及其他相关人员的经济责任直接挂钩，实行奖赏和赔偿制度，这些结果也作为人力资源管理的重要依据。此外，企业还需建立风险机制，使企业具备风险自动预警功能，并能对财务状况进行持续监测。这种监测能够及时反映与预期不符的变化，使企业能够针对潜在或已发生的问题研究出相应的对策和控制手段。财务风险机制作为财务风险管理中的一个功能体系，关键在于如何通过相互联系与制约来降低财务风险，这也是深化财务管理改革和活跃企业财务的重要组成部分。

　　建立一个有效的财务风险管理机制需要采取多种措施。在决策阶段，企业需要在事前进行财务风险控制，涉及对潜在收益与风险的综合评估。通过对财务风险的存在及其成因进行客观分析，并运用概率分析和风险决策法等工具，企业能够设计出具有适应性和预留空间的管理措施，以确保在遇到紧急情况时能够有效应对。在财务运营阶段，企业应通过定量和定性的分析方法来监控财务风险状况，并及时调整财务行为以控制偏差，同时制定新策略来有效阻止或抑制不利情况的发展。这一过程中的控制确保了企业经营活动的稳定进行，并将风险限制在可控范围内。在财务风险发生后，企业需要进行事后控制，将财务风险分析资料作为未来风险管理行动的依据，制订风险管理计划。对于已发生的风险，建立风险档案，并从中吸取教训，以防止类似风险再次发生。

### （四）建立行之有效的内部审计监督机制

　　为确保企业财务管理的有效性和透明度，建立一个行之有效的内部审计监督机制至关重要，包括对现有内部控制制度的改革和创新以及建立一个与之相匹配的内部审计体系。

　　企业应针对现行财务管理体系中存在的不足，如体系不够完善、监督力度不足、可操作性较弱和滞后性问题，结合企业的实际发展需要和现代企业制度的要求，重新设计内部控制制度。应考虑到企业的性质、规模、生产工艺和管理模式等多方面因素，从而确立一个更规范、与市场经济紧密结合的成本和费用控制体系，消除旧有体系中的弊端，使新的内部控制制度更加具有实际应用价值。

除了制度创新，企业还需建立一个有效的内部审计监督机制，包括成立独立的内部审计机构，确保审计人员的独立性，以便能够有效地监督内部控制制度的执行情况。审计工作不仅应关注经济和管理的效益，而且应转变审计重心，从单纯审查财务支出的合理性向全面评估支出与效益的关系转变。

## 三、完善财务约束与激励制度

完善企业的财务约束与激励制度是关键步骤，帮助实现企业所有者追求资本增值的目标。这一目标主要通过激励和约束经理人的行为来达成。激励与约束机制有多种不同的形式，可以分为两大类：直接激励—约束机制和间接激励—约束机制。这两种机制共同作用，旨在有效地引导经理人的行为，确保其与企业所有者的利益一致。

### （一）直接激励—约束机制

#### 1.激励性报酬安排

直接激励—约束机制中，激励性报酬安排是至关重要的组成部分。这种机制基于一个核心原理：如果公司的利润和股价与经理人的个人报酬直接挂钩，那么当公司的财务表现良好时，经理人的收入也会相应提高；反之亦然。这种做法的理论优势在于能够有效缩小企业所有者与经理人之间的利益差异，激励经理人更加努力地工作以实现企业的长远目标。

在现实经济条件下，将利润和股价作为衡量经理人绩效的唯一标准存在一定的局限性。公司的财务表现受到多种因素的影响，包括市场变化、政治动荡、公众心理预期和政府政策调整等。这些外部因素的复杂性意味着经理人很难完全控制公司的利润和股价。因此，纯粹依赖这些指标来评价经理人的业绩可能会造成不公平，也可能会降低这些指标作为业绩衡量的工具的效力。为了克服这些问题，许多公司采用了基于固定收入和变动收入相结合的报酬体系。在这种体系下，一部分报酬以固定工资的形式发放，为经理人提供职业安全的保障基数；另一部分则根据其理财绩效，以风险收入的形式发放，从而将其个人收益与公司业绩紧密相连。这样的双重报酬机制不仅为经理人提供了稳定的收入保证，还通过与业绩挂钩的变动部分，刺激经理人积极推动公司按照所有者的期望目标进行运营和财务管理。

2.资本结构安排

资本结构的优化不仅关乎资金配置，还与激励机制息息相关。物质奖励虽能激发经理人的努力，但不足以使其完全放弃个人目标。适当的负债水平能够更好地将经理人的利益与股东利益对齐。如果企业完全依赖权益资本，经理人面临破产的风险较低，企业在经营不佳时也不易出现财务危机，这减弱了对经理人的激励；相反，引入适量的债务资本能限制经理人使用现金进行无效投资或扩张，增加偿债压力，迫使他们提升资本收益率，以避免企业清算和个人权力的丧失。这种负债的存在不仅提升了企业市场价值，还使经理人更倾向于通过债务管理向股东展示其努力提升企业价值的意图。此外，债权人通常会在信贷条款中对经理人行为设定限制，使得资本结构的适当安排成为有效的约束机制。关键在于确定合理的负债比例，避免因过度负债而导致企业效率低下和潜在清算风险。

3.行政约束

行政约束是企业管理中不可或缺的一环，通过设立规章制度及监控机构来明确管理层的财务责任，监督其行为，并限制管理者的权力。然而，这种机制需要避免低效率和高成本的过度监督。

### （二）间接激励—约束机制

间接激励—约束机制是通过经理人之间的竞争来实现的，这种机制是一种有效的激励和严格的约束方法。在财务激励体系中，间接的激励和约束通常比直接的更为有效。

1. 经理人人才市场

经理人人才市场的形成是一个关键因素，它意味着经理人的未来财富增长依赖于其在市场上的表现和价值。在一个高效的市场环境中，管理良好的企业将繁荣发展，而管理不善的企业将面临衰退甚至破产。因此，企业经理人的表现会直接反映在企业价值上。企业价值提升越多，经理人在人才市场上的价值也越高。这种竞争压力迫使经理人即便是出于个人效用最大化的动机，也必须优先考虑企业的目标。经理人人才市场的机制促进经理人在财务管理上不断创新，致力于企业的长远发展。

仅靠经理人才市场还不足以实现有效的激励和约束，需要几个前提条件：首先，存在一个充分竞争的有效市场，使企业的成败受市场力量的裁决；其次，必须有一个规范的资本市场，其中包括具有严格预算约束的融资市场和股票价格反映真实价值的成熟证券市场；最后，经理人应有通过个人努力获得晋升的机会。这些条件确保了经理人的表现与企业业绩的紧密联系，并保证了市场竞争的公平性。

在这种市场环境中，经理人的能力和业绩成为其职业生涯的关键决定因素。优秀的经理人能够通过其策略和决策的有效性提升企业的市场价值，进而提高自己在市场上的竞争力。这种机制不仅激励经理人提高个人业绩，更促使他们不断寻求创新和改进管理方法，以适应市场变化和竞争压力。同时，这一市场机制也带来了一系列挑战。例如，经理人可能过度追求短期业绩以提升自己的市场竞争力，从而牺牲企业的长期利益。因此，除了市场竞争，还需要通过内部控制和外部监管来平衡经理人的行为，确保他们的决策既能反映出其个人能力，也符合企业的长期发展战略。

2.企业控制权的接管

企业控制权的接管问题通常出现在企业所有者对经理人实施的财务政策感到不满的情况下。不满可能来源于几个方面，如经理人的投资决策能力欠佳、资本结构设计不理想或股利政策不够令人满意。这种情况可能引发代理权争夺或敌意收购，从而导致经理人失去对企业的控制权。

在代理权争夺的情况下，持不同意见的股东会通过投票反对现任管理层，并努力说服其他股东相信更换管理层符合大家的整体利益。这种策略允许股东通过表决权来改变公司的控制方向，而这通常不需要涉及大额的资金成本。这种内部力量的动态变化可以直接影响公司的策略方向和管理决策。

敌意收购则是另一种更为直接的控制权争夺方式，它属于一种更激烈的企业并购行为。在敌意收购中，购买方企图获得足够的公司股份来控制或重组公司的管理层。这通常发生在外部投资者认为公司的现有管理层无法有效增加股东价值时。完成敌意收购后，原有的经理人通常会被新的控制方免职。通过敌意收购，新的控制者能够迅速调整公司策略，包括削减成本、重组资产、修改企业战略等。

然而，敌意收购的执行并不总是顺利的。如果公司的经理人或创始人自己持有的公司股份比例较高，他们可能具备足够的投票权来抵抗外来的收购威胁。这种股权结构能为经理人提供一定程度的保护，减少外部敌意收购的可能性。此外，公司可以通过采取防御策略来进一步阻止不受欢迎的收购。

总体而言，构建一个有效的企业财务激励与约束机制是一个高度实践性的议题，理论探讨并不能直接提供完美的解决方案。当前国际上的普遍做法是同时重视内部和外部激励。而在选择具体的激励—约束机制时，必须考虑特定的政治、经济和社会背景，力求满足多样化的需求，以激励经理人主动并积极地实现企业目标。

## 第四节 企业不同财务风险的处理与控制

### 一、企业财务风险的处理

处理企业财务风险是在完成风险识别和评估后的具体控制操作阶段，这一过程涉及全面考虑企业的财务风险性质、规模、风险管理目标、企业的实力及风险承受和控制能力等因素。企业应根据自身实际情况，选择合适的财务风险控制策略和方法来处理企业财务风险。企业可以采取财务风险的转移、规避和保留三种方式进行处理。

#### （一）企业财务风险转移

企业在处理生产和运营中难以或无法避免的财务风险时，如市场销售风险、运输风险或不可预见的如财产火灾等损失风险，通常面临这些风险难以完全规避的情况，或是即使能管理，所需的成本和代价也可能显得过高。因此，企业常采取将这些风险适当转移的策略来应对。一般而言，企业主要通过三种方式来实现财务风险的转移：购买保险、采用资产或业务分散策略、使用对冲手段。

1.购买保险

保险被广泛应用于处理如工伤、车辆事故、火灾、爆炸以及其他不可预见事件所引起的财务风险。通过购买保险，企业能够将这些潜在的风险转移给保险公司，从而降低自身在面临这些风险时的财务压力。

保险机制的本质是一种防范特定风险和应对风险事件损失的保护措施。当决定购买保险时，企业根据需要覆盖的风险种类支付一定的保费，并与保险公司签订保险合同。这一合同确保了当承保的风险事件发生时，企业可以获得相应的赔偿，实现风险的部分或全部转移。例如，企业可能购买财产保险以覆盖因火灾或自然灾害引起的物理损失，或者购买责任保险以处理可能对第三方造成伤害或财产损失的风险。此外，企业在发生严重事件如大规模工伤事故或设备破坏时，可以通过保险赔付来减轻财务负担，保持运营的稳定。例如，在工业生产中，可能会有设备故障导致的生产中断，如果企业拥有适当的保险，不仅可以得到设备修理或更换的资金支持，还可以获得因生产中断而导致的收入损失的补偿。

2. 采用资产或业务分散策略

企业通过多种投资项目、股票或其他证券，以及选择不同币种进行进出口业务结算来转移和减轻财务风险。这种策略基于不同资产类别的风险关联性较低，或各种货币的风险属性不同，通过构建多样化的投资或货币组合来降低整体风险水平。例如，在股票投资中，通过组合多种股票可以有效降低单一股票投资的风险。需要指出的是，分散主要能够减轻非系统性风险，对系统性风险则无法减少。同时，采用资产或业务分散策略虽有助于降低风险，但也可能导致企业总体收益潜在下降。

3. 使用对冲手段

对冲是企业在面对市场风险时采用的一种金融策略，特别是用于管理产品销售和原材料采购中的市场价格波动风险。这种策略通常是在即期市场上进行相关的市场风险售出，或在未来某一时间点利用金融工具来转移或抵消这些风险。

企业利用期货市场、期权及其他衍生品进行对冲交易，可以有效地锁定即将来临的原材料成本或产品售价，从而减少因价格波动带来的不确定性。例如，一个企业预计其原材料成本会上升，可以通过购买相应的期货合约来锁定当前的较低价格。同样，如果企业担心未来其产品的市场价格下降，它也可以通过售出期货合同来确保能够以当前较高的价格出售其产品。

### （二）企业财务风险规避

企业财务风险规避是在面临潜在的财务风险时，企业基于对风险损失的评估，选择主动避免或拒绝参与某些风险活动。这种做法通常发生在风险的潜在损失远超过企业的承受能力，或当业务的风险收益比不理想，预期收益远低于可能的风险损失时。企业还会在面对复杂的财务风险，如超出其风险控制能力的情况下，选择规避策略。此类风险可能难以通过转移或分散来处理，如某些投资活动初始看似有利，但由于市场变动或其他外部因素，预期回报可能大幅下降，此时企业会选择中止项目，以避免进一步的风险暴露。

这种风险处理方法与风险转移有本质的区别。风险转移是将潜在的风险从一个实体转移到另一个实体。而风险规避则是完全退出或避开那些可能导致损失的活动，是一种从根本上消除风险发生可能性的策略。企业采取规避措施，往往是因为识别到某些风险纯属损失，无任何潜在收益，或是评估后认为风险成本过高，不值得承担。

在实践中，财务风险规避要求企业对其财务活动和市场环境有深入的了解与高效的风险评估机制。企业必须定期审视其财务策略和市场动向，确保在面对不可预测的市场变化时，能够迅速做出调整，维护企业和股东的最大利益。

### （三）企业财务风险保留

企业在面对那些无法避免或无法转移的财务风险时，会选择保留这些风险，特别是那些对生产经营活动至关重要的风险。当这些风险实际发生导致损失时，企业需自行承担并补偿这些损失。企业保留财务风险的情形有以下几种：（1）企业的业务特性要求其必须接受某些风险以追求相关的收益，如继续技术开发和新产品研发不受技术创新风险的影响，或银行业务中不因贷款风险而放弃贷款；（2）保留风险的成本低于实施风险控制的成本；（3）企业遇到的投资机会优良且相关风险较低；（4）面对的风险即使发生，预期的最大损失也较小；（5）企业对某些财务风险具有较强的控制和管理能力。

作为风险管理策略之一，企业财务风险保留与其他风险管理措施并行使用，相互补充。在企业具体的财务风险处理实践中，采用何种风险处理手段及风险保留比例，取决于企业所面临的风险类型及特点、企业的经济实力、风险管理水平、风险收益与风险损失的权衡比较等。

## 二、企业财务风险的控制

20世纪70年代，权益期权的推出和期权定价模型的开发为权益风险管理提供了新工具。随着20世纪70年代中期金融领域的剧变，对财务风险管理的需求在20世纪80年代迎来高速增长。自20世纪80年代起，企业面对的经营环境发生根本性变化，诸如价格、利率和汇率风险等财务风险日益增加，促使企业探索各种规避工具。财务危机的形成通常是长期累积的结果，企业面临的财务风险前兆包括现金流量净额为负、资不抵债、无法偿还到期债务、过度依赖短期借款等。此外，风险还可能源自经营活动，如主导产品失去主要市场、巨额债务或潜在损失、涉及诉讼或有负债、关键管理人员离职等。财务状况恶化的表现还包括资产负债率急升、无法偿还或延期即将到期的债务、因异常原因造成的非季节性停工或停产等。企业破产有时并非因经营失误，而是由于对财务风险的防范和控制不力，表现为投资风险累积、对财务风险认识不足、筹资风险释放及对外部环境的过度依赖等。

财务风险控制是企业财务管理的关键职责之一，涉及监督各项活动以确保其按照既定计划执行，并及时纠正关键偏差。

## 三、企业筹资风险的控制

在企业运营中，完全依靠自有资金进行经营是避免债务风险的一种方式，这种策略有助于控制资金成本的不稳定性，确保企业经营的稳定性。然而，这种极度保守的筹资方式可能会让企业错失扩张和发展的机会。企业在经营中过于依赖自有资金，拒绝外部融资，可能会因资金短缺而无法抓住市场的有利时机，从而影响企业的长远发展。实际上，善用社会资金，包括通过借款和其他形式的负债来拓展业务，是现代企业经营的常见策略。这种策略不仅可以提高企业的资本运作效率，还能提高企业的市场竞争力。然而，借款和负债经营虽然可以为企业带来资金和机会，但同时伴随着一定的风险。企业在选择借款时必须进行细致的风险分析和评估，避免因盲目融资而造成财务危机。

在决定负债比例时，企业应当根据自身的经济效益和市场环境来慎重考虑。一个健康的资本结构应当能够平衡自有资金和借入资金的比例，以最大限度减少财务风险并优化资金成本。企业应该根据财务状况、市场条件和业务战略来确定更好的资本结构，确保借款能够真正带来增值而非仅仅是财务负担。因此，有效的筹资风险管理是企业财务管理中的一项关键任务，需要企业通过多种途径进行综合考量和精准控制。确立合适的资本结构，合理利用借款与自有资金，可以帮助企业在保持财务安全的同时，实现稳健的成长和扩张。

## （一）进行筹资效益的预测分析

在进行资金筹集前，企业必须深入分析各种筹资方案的潜在效益，以确保选取最优化的资金结构，从而在最低的资本成本下实现最大的经济效益。筹资决策的核心依据是投资的预期收益与筹集资金的成本之间的比较。因此，进行详尽的筹资效益预测分析是筹资过程中不可或缺的一环。

各种资金来源的成本差异意味着企业在选择筹资方式时需要进行精细的成本评估。通过对比不同筹资方式的资金成本，企业能够辨别出成本效益比最优的筹资组合。这种比较不是简单的成本计算，而是一种综合性的财务分析，旨在全面评估每种资金来源的长期经济影响。在这个过程中，企业还应考虑其他相关经济指标，如投资回报率和期望的自有资金利润率等，这些指标有助于评估筹资活动的整体效益。通过这样的综合分析，企业不仅可以确保选择的筹资方式在成本上更为合理，还能通过精确的风险控制，增强筹资活动的经济安全性，企业应确保所选择的筹资策略能够支持其长期的发展目标，实现持续的财务稳定和增长。因此，筹资效益的预测分析是一种战略性的财务管理行为，关键在于通过全面评估各种筹资选项的成本与潜在收益，制定能够最大化企业价值的资金策略。

### （二）确定筹资方式、资金结构和还款期限

1.确定筹资方式

在筹资过程中，企业需对可用的筹资选项进行全面比较，以确定更适合的筹资方式。每一种筹资方式都具备独特的优势和潜在缺陷，并且与金融市场的动态紧密相连。在选择筹资方式时，企业需要综合考虑多种因素，包括筹资时机的把握、筹资对象的选择、证券发行的价格和期限、发行方式、利率设定、支付方式及资金回收的时间框架等。这些因素都将直接影响筹资的成功率、成本高低及所承担的风险程度。因此，通过对不同筹资方案的深入分析和比较，企业可以有效地降低筹资风险，选择更好的筹资方式。

2.确定资金结构

企业在确定资金结构时必须考虑其财务状况和长远目标，通过评估资产负债率、各种筹资方式所占的比例以及不同资金来源的成本比率来优化筹资结构。合理的资金结构应能平衡企业的财务风险与成本效益，通过维持适宜的自有资金与借入资金比例，确保企业具有足够的运营灵活性同时限制财务风险。此外，企业还需考虑到市场条件、经济周期及行业特性等外部因素，这些都是影响资金结构决策的重要方面。通过全

面分析，企业可以制定适合自身发展的筹资结构比率，从而有效控制筹资风险并促进企业的可持续发展。

3.确定还款期限

在设定还款期限时，企业应选择略超过项目投资回收期的筹资方式，以避免因还款期限过长而导致的长期资金成本增加和短期资金使用不匹配的问题。还款期限的设定需基于对项目投资回收期的准确预测，避免还款期限太短引起的资金流转问题和偿债能力压力。企业需要进行详细的财务预测，包括资产回报率预测，以合理预估回款的时间和金额。这种预测不仅帮助企业精确设定还款期限，还能有效降低筹资风险。合理的还款期限能够平衡企业的现金流需求与债务偿付能力，确保企业在不增加过多财务负担的同时，能够稳健地发展。

### （三）确定合理的借款额度，确保借款偿还能力

确定合理的借款额度并确保偿还能力的关键在于对企业未来收益潜力的精确评估。财务管理的核心原则是确保未来的收益超过资金成本，从而使借入资本的使用安全可靠。在实际操作中，EBIT-EPS 分析法常被用来确定企业的合理负债资本比例，这种方法通过评估企业的盈利能力对负债规模的影响，帮助企业制定适当的财务策略。

单靠企业的盈利能力并不能全面衡量负债规模的合理性。企业必须考虑到自身的经营风险、行业特性、销售稳定性、筹资能力和资产的变现能力等多种因素。例如，那些经营波动较小、预期收入较稳定且具有较强筹资能力的企业，可以考虑适当增加负债规模，以利用财务杠杆效应提高收益。企业在决定借款额度时，应根据资金的使用期限和预期的现金流状况来合理确定借款的期限。财务指标如流动比率、速动比率、资产负债比率及长期债务对资本比率等，都是评估企业财务稳定性和偿债能力的重要工具。综合考量这些指标不仅可以帮助企业评估其短期和长期的财务健康状况，还能指导企业在不同市场条件下做出更精确的财

务决策。

　　流动比率是衡量企业短期偿债能力的重要指标，一般认为 2∶1 较为适宜。比率过低意味着短期偿还能力较弱，风险较高；比率过高则表明流动资产，如现金、存货等，闲置较多，可能意味着企业长期负债过多地支撑了流动资金。速动比率进一步细化了企业的短期偿债能力，经验数据显示 1∶1 为较为合理的标准，反映出企业在不依赖存货的情况下是否具备足够的资金偿还短期负债。

　　在衡量企业整体负债风险时，资产负债比率是重要的参考指标，该比率反映了企业的总体负债水平与资产净额的关系，比率过高意味着举债过多，财务风险上升。长期适合率用于评估企业长期资金对固定资产的支持程度，若长期适合率超过 100%，说明企业的长期资金不仅满足了固定资产投资，还支持了一部分短期资金；若长期适合率低于 100%，则表明企业长期资金不足，部分短期资金被投入固定资产投资。

　　在负债经营的背景下，企业必须更加注重合同的履行与信用的维护，防止信用危机的发生，这对于树立企业的良好形象至关重要。良好的信用不仅能吸引投资，还能降低借款成本，从而有利于企业的长远发展。企业在筹集和使用资金时，需要综合评估自身的偿还能力，确保在不同市场环境下均能保持稳健的财务状况。

　　企业的综合偿还能力可以通过多个财务指标来衡量，其中重要的指标之一是借款临界点。这一指标不仅能反映企业偿还本金和利息的能力，而且能揭示企业在支付利息之后的盈利状况，是判断企业财务健康的重要参考。如果企业的借款金额超过了这个临界点，企业不仅会面临还款的困难，还可能因为高额的利息负担而导致财务状况恶化，增加企业的运营风险。企业在制订借款计划时，不应局限于考虑内部的财务状况，还应关注外部经济环境的变化。在经济增长期，市场条件通常较为有利，此时，企业可以利用外部资本的低成本优势，通过增加借款来扩大生产规模或投资新项目，从而获取更高的利润回报。在经济增速放缓或市场环境恶化的情况下，过度借款可能会增加企业的财务风险，导致偿债能力下降，甚至影响企业的正常运营。因此，企业在筹资和债务管理上必须采取更为谨慎的策略，结合内外部因素进行全面分析。企业应制订灵活的筹资计划，根据市场和经济条件的变化适时调整借款策略，以确保资本结构的最优化。同时，企业还应加强对财务状况的监控，及时调整经营策略和财务计划，以应对不断变化的市场环境，确保企业能够在复杂多变的经济环境中稳健成长，实现可持续发展。

### （四）采用最优资本结构控制法

最优资本结构控制法是企业财务管理中的重要工具，通常涉及长期债务资本和权益资本的合理配置。资本结构指的是企业长期资金来源的构成及其比例关系。负债与权益资本的比例并非越高越好，过高的负债比例会降低企业的安全性，增加财务风险。因此，企业应依据负债与权益资本的加权平均资金成本来确定最优资本结构，确保企业在承担适当风险的同时实现公司价值最大化或股价最大化。

最优资本结构应使企业的总价值达到最高，并将资本成本降至最低。企业的市场总价值可理解为债券市场价值与股票市场价值的总和。在计算过程中，债券的市场价值与股票的市场价值是核心变量，而影响这些变量的因素包括企业的息税前利润、年利息额、税率、权益资本成本等。对于权益资本成本，通常采用资本资产定价模型，该模型综合了无风险报酬率、股票的贝塔系数及平均风险股票的必要报酬率。

公司的资本成本一般用加权平均资本成本来衡量，这一成本不仅包括税前债务资本成本，还涵盖权益资本的成本。通过合理的资本结构控制，企业能够在降低资金成本的同时最大限度地提升市场价值，从而实现财务管理的核心目标。

### （五）实施剩余股利分配决策

剩余股利分配决策是企业在进行股利分配时的一种策略，与公司的资本结构密切相关。由于资本结构由企业投资所需的资金构成，因此股利政策实际上受到投资机会和资金成本的双重影响。根据这种决策方式，当企业有良好的投资机会时，首先根据目标资本结构，计算出投资所需的权益资本部分，从盈余中优先保留，剩余的盈余才作为股利分配给股东。

在实施剩余股利分配决策时，通常需要经过以下四个步骤：第一，设定目标资本结构，即确定权益资本与债务资本的适当比率，确保在这一结构下公司能够实现最低的加权平均资本成本；第二，计算出在该目标资本结构下，投资项目所需的股东权益数额；第三，最大限度地利用企业的留存盈余来满足投资需求；第四，若在满足了投资所需的权益资本后仍有盈余，将其作为股利分配给股东。这一方法保证了企业在有充足的资金进行投资的前提下，使股利的分配更加合理有效。

## 四、企业投资风险的控制

### （一）提高投资项目的决策水平

在投资决策过程中，企业应将有限的资金优先用于较为紧迫和效益较高的项目，以充分发挥资金的使用效益。在进行投资时，企业必须深入分析实际情况，收集相关资料，掌握准确的投资信息，尤其是对项目必要性、技术可行性和经济合理性进行严谨的科学论证，确保投资决策的准确性。任何轻微的失误都可能导致人力、物力和财力的浪费，因此提高决策部门的业务水平至关重要。

为加强投资项目的决策质量，决策部门应通过对多个关键财务指标的计算和分析，评估投资方案的可行性和潜在风险。这些指标包括资产回报率、投资方案的净现值的期望值及投资方案的风险程度。

首先，资产回报率反映了企业对资金的利用效率。通过计算和比较不同投资方案的回报率，企业可以评估每个方案的潜在收益，确定最优投资选项。其次，净现值的期望值衡量了一个投资方案在未来所能带来的税后现金流量与初始投资之间的差距。这个指标可以帮助企业评估不同投资方案的经济合理性，确保资金投向能为企业带来最大化的利益回报。最后，决策过程中必须考虑投资方案的风险程度，即预期收益与实际收益之间的偏离程度。通过风险程度的分析，企业能够更加清晰地了解投资方案的潜在不确定性。风险越大，实际收益与预期收益之间的差距越明显；风险较小则说明方案的实际表现更加接近预期效益。因此，决策部门通过对这些指标的综合分析，不仅能够提高投资风险的预测能力，还能进一步提高投资决策的科学性和准确性。

（二）加强风险意识

在投资过程中，风险与回报往往成正比：风险越大，潜在的回报率越高；风险越小，回报率也相应较低。企业在进行投资时，不同的投资对象会有不同的风险水平。为了降低风险，企业通常会将资金分散到多个不同的项目中，采用投资组合的方式。通过将高收益、高风险的项目与低收益、低风险的项目相结合，企业能够在一定程度上通过盈亏相抵，实现整体利润的最大化。

作为企业的领导者、决策者及相关的管理人员，特别是财务人员，必须具备强烈的风险意识，深入了解各种潜在的风险因素，以及发生损失的可能性，对企业在投资中可能面临的风险要有清晰的认识，并不断提高对风险的客观性和预见性的认知。同时，企业应时刻关注市场变化，采用科学的手段预测和控制风险，积极掌握风险管理的主动权，尽可能避免或减少损失，甚至在适当的情况下，通过合理的方式将部分风险转嫁出去。

### （三）加强投资资金的管理

在管理投资资金的过程中，企业需要全面考量资金的投入时机，并制订科学且合理的资金分配计划，确保资金的适时和适量投入，从而增强资金的收益性。企业应坚守将资源集中于关键项目建设的策略，避免资金过度分散和项目过多延伸的情形。当项目资金充足时，企业还必须严格控制资金超支、挪用及盲目扩展项目规模的风险。

此外，企业应当建立严格的管理体系，优化操作管理流程，削减不必要的开销，加快资金回流，提高资金的流转和利用效率，以保证投资项目能够达到最优的经济效果，并最大限度地减少投资风险。在投资资金管理中，管理层需要持续监控项目的预期与实际效益，对比分析两者之间的差异，以识别问题的根本原因，并明确未来工作的焦点，进而有效执行风险控制措施。例如，某一阶段的实际回报率与预期回报率出现偏差，管理者应分析导致此差异的具体因素，诸如之前的投资成本可能过高，或是对未来收益的预期过于乐观，待确定具体原因后，据此制定并实施针对性措施。

### （四）采用决策树法

决策树法是一种在投资项目现金流量不独立的情况下，通过概率分析来选择最优方案并控制风险的决策工具。该方法通过绘制现金流量概率树，使用无风险报酬作为贴现率，不仅能够对每个现金流量序列分别计算可能的净现值，还能根据联合概率计算出期望净现值和标准差。通过比较期望值与标准差的大小，企业可以选择风险最小且回报最优的投资方案，从而实现有效的投资决策和风险控制。

运用决策树法进行风险决策分析时，通常需要遵循以下步骤。首先，绘制决策树。这一步骤要求对各种决策方案进行深入调查研究，明确参与决策选择的各个可行方案。其次，分析这些方案在不同情境下可能出现的问题，并从左到右逐步展开决策过程，形象地表现为从树干延展到树枝再到树权的过程。再次，计算各方案的损益期望值。对于每种自然状态，需将损益值与相应的概率及决策期限相乘，得出该状态下的损益期望值，进而计算出每个方案的累计损益期望值。这一过程可以帮助企业评估投资方案的预期收益或利润额。最后，计算标准差。标准差反映了实际收益与预期收益之间的偏差程度。标准差越小，说明该投资方案的实际收益与期望值越接近，投资风险越低；标准差越大，则投资风险就越高。

## 五、企业资金使用风险的控制

### （一）合法经营，规避资金使用风险

在企业运营中，法律合规性是确保资金安全和规避资金使用风险的核心。企业必须严格遵循法律法规，清晰界定哪些商业行为是允许的，哪些是禁止的。例如，一些公司在承接进口代理业务时，可能因为未完全掌握业务流程而只收取代理费用，忽视了报关和支付环节的重要性，不仅使企业收益减少，还可能引入额外的资金亏损，从而增加资金使用风险。同理，对于风险投资和商品赊销，企业需特别注意资金的回收时效。资金回收周期越长，企业所承担的利息负担就越重，相应地就减少了利润。此外，企业还需要为可能的坏账设置准备金，不仅承担了潜在的坏账成本，还影响了资金的有效利用。因此，保持业务合法性并全面评估业务风险及资金回收情况，是企业规避资金使用风险的关键策略。

### （二）加强资金运作的程序化、规范化管理，降低资金使用风险

为了有效降低资金使用风险，企业必须加强资金运作的程序化和规范化管理。企业各部门在业务操作上必须严格遵守法律法规，坚决避免涉足禁止的业务和财务活动。对于那些允许进行的业务活动，企业应依

照既定章程精确执行，确保每一步骤都不脱离规范，这是预防资金使用风险的重要措施之一。

在日常的业务运作中，评估客户的资信状况成为一项关键任务。业务员连同主管部门的会计人员共同负责这一评估工作，并根据客户的还款表现来设定其信用等级。依据客户的信用等级，企业将制定不同的贸易条件、发货限额及还款期限。具体到监控措施，制定相应的政策和程序来监控各环节，确保企业的资金流动在可控范围内。对于信用等级高的客户，业务员可以拥有一定的独立发货权，但必须在业务部门的监督下进行。而对于信用评级较低的客户，业务员的发货权限会受到严格限制，一旦超过规定的限额，必须得到财务部门负责人的批准，大额交易则需要主管经理的审批。这种分级管理机制能有效控制盲目发货的风险，避免因应收账款增长过快而导致资金回收困难，进而减少坏账的生成。

在代理业务方面，资金的安全同样重要。通常情况下，企业应确保在客户资金到位后再开立信用证。然而，市场竞争的激烈有时会促使企业在客户资金未完全到位时便开始操作，这需要企业用自己或银行的授信额度进行前期资金垫付。面对这种情况，企业应坚持客户提供经济担保，以确保资金安全。除此之外，面对高风险的投资项目或长期借款，企业应采用集体决策的模式，避免个人决策带来的偏差。高层领导共同参与和讨论是防止决策失误和减少重大经济损失的有效策略。

### （三）全过程监控资金使用，防范资金使用风险

有效监控资金使用的全过程对防范资金使用风险至关重要。在付款完成后，企业必须实施持续的监督机制，确保对资金运作情况的透彻了解。业务部门的主管会计负责详细记录每一笔应收账款，并实时掌握各项回款进展。

为了提高监控的效率与效果，企业可以借助多种财务指标进行分

析，如存货周转率和总资产周转率。存货周转率是监测企业销售效率和存货管理效率的重要工具，有助于企业了解存货资金的使用状况。总资产周转率则反映了企业对全部资产的使用效率，这对监督企业整体资金运作提供了宝贵的信息。同时，应收账款回收率是衡量销售收入回收速度的关键指标。针对账龄较长或超期的应收账款，企业需要及时探究延迟回款的具体原因，并根据情况采取相应措施，如强化逾期催收或调整涉事客户的信用等级，以此降低资金风险。每笔业务或合同在资金回收后，企业还应进行收益实现的审核，检查实际收益是否符合预期目标。若发现实际收益与预期收益存在偏差，应立即分析原因，并据此制定改进措施，从而提升未来的业务执行效果。

## 六、企业资金回收风险的控制

企业资金回收风险主要体现在将成品资金转化为结算资金，再将结算资金转化为货币资金的过程中。这一转化过程涉及资金的流动和转换，容易受到市场波动、客户支付意愿和能力等外部因素的影响，从而增加资金回收的不确定性和风险。

### （一）加强成品资金向结算资金转化过程的管理

加强成品资金向结算资金转化过程的管理是企业资金回收策略中的关键环节，这一过程的有效管理依赖于企业的整体运营能力和市场适应能力。企业必须对市场进行深入的调查和分析，确保所生产的产品完全符合市场需求和消费者的期望。企业需及时捕捉市场动态，解读和预测市场趋势，从而在有利的产业方向上做出正确的战略决策。

产品的质量和定价也是确保成品资金顺利转化的关键因素。生产企业应致力于控制成本，不断提升产品质量，以形成价格优势和市场竞争力。生产企业可以通过优化生产流程和采购策略，降低不必要的开支，同时保证产品质量，从而吸引更多的客户。商业企业则应通过规模化经营和连锁操作，减少采购成本和提高销售效率，这样既增加了市场份额，也优化了资金流。

企业的市场推广活动和售后服务同样对成品资金的转化至关重要。积极的广告宣传可以提高企业知名度和产品的市场可见性，而高质量的售后服务则有助于建立和维护客户的信任度和忠诚度。企业应严格履行对客户的各项承诺，如产品维护、维修及退换货政策，这些都是塑造企业良好形象并促进客户回购的重要措施。

在管理层面，企业应通过定期分析经营资金回收率和产品销售率等关键财务指标来监控资金流和库存状态。这些指标可以直观反映出企业在市场上的表现和内部管理的效率，帮助管理者及时调整策略，应对市场变化，从而确保成品资金能高效、顺畅地转化为结算资金。

## （二）加强结算资金向货币转化的管理

在市场竞争加剧的环境中，商业信用常作为促销策略被广泛应用，尤其在产品销售及资金回收的环节。其中，赊销作为一种流行的信用销售方式，意味着企业在提供商品的同时，也向客户暂时性提供资金支持，这无疑增强了客户的购买意愿。虽然赊销能有效减轻库存压力并扩大销售范围，但它也导致应收账款的激增，并相应增加了坏账的风险，从而加剧了资金回收的难度。因此，在管理结算资金向货币转换过程中，对应收账款的严格管理变得尤为重要。企业需实施一套全面的应收账款管理策略，包括事前预防、事中监控及事后管理。这包括对潜在客户进行严格的信用评估，定期审查客户的信用状态并及时调整信用策略，以及加强对销售后账款的跟踪和催收工作。

### 1.事前预防

企业必须进行彻底的信用调查，包括评估每位客户的财务状况、历史信用记录和偿债能力。这一评估的核心目的在于揭示客户的信用风险，从而为制定针对性的信用政策提供依据。企业可以基于信用调查结果来设定不同客户的信用等级，据此决定对各级别客户的赊销额度，制定明确的信用期限和现金折扣政策，以及适当的信用标准。为了降低赊销过程中的风险，企业应建立一套严格的赊销审批流程。这意味着所有赊销活动都需经过明确的审批程序，销售人员与销售主管的赊销权限应明确划分。对于超出普通权限范围的赊销案件，必须上报至总经理或更高层次管理人员审批，这样做可以大幅减少赊销决策的随意性，确保每一次赊销决策都基于充分的业务考量和风险评估。

合同管理和审查也是事前预防策略中不可忽视的一环。企业与客户之间的所有商业交易都应严格落实到书面合同中，以便法律追责和权益保护。在合同签订过程中，需验证合同双方的合法性，仔细审查合同的各项条款，确保合同内容的合法性和执行可行性，包括对标的物的描述、价格设定、付款条件和违约责任的明确说明。企业还应评估合同履行的可能性，确认双方都有能力和意愿履行合同承诺。

加强合同履行的监控也是预防策略的一部分，企业应设立监控机制，跟踪合同的执行状态，及时发现并解决履约过程中可能出现的问题。这样的全方位管理和监控策略，能有效减少未履行合同和违约的风险，从而保障企业的资金安全，优化资金回收流程。

2.事中监控

事中监控是企业资金回收过程中的一个关键环节，它需要财务部门采取系统的措施以确保资金流的安全和效率。

（1）为每位信用客户建立一个详细的档案。这些档案应包括客户的基本信息、历史交易记录、信用评级及历史欠款情况。通过这种方式，企业可以对每位客户的财务行为和信用状态有一个全面的了解。

（2）建立定期对账制度。财务部门应定期编制并审核账龄分析表，不仅可以帮助企业持续跟踪信用期内的欠款情况，还可以对逾期欠款进行及时催收。一旦发现客户的欠款超过了信用期限，财务部门应立即进行风险评估，判断其坏账的潜在可能，并根据评估结果适时调整客户的信用政策。

（3）选择合适的结算方式。根据客户的盈利能力和资信状况，企业应灵活选择收款方式。对于盈利能力强且信用状况良好的客户，可以采用较为灵活的收款方式，如委托收款或托收承付等；相反，对于那些资信较差或盈利能力弱的客户，企业则应考虑使用更为保守的支付方式，如支票或银行承兑汇票，这些方式提供了更高的安全性和可控性。

（4）密切关注资金回收的整体风险。通过计算并分析应收账款周转率、坏账损失率等关键财务指标，企业可以获得关于资金回收效率和坏账情况的实时数据，进而全面评估资金回收的风险水平。

3. 事后管理

事后管理要求企业不仅要对账款进行持续监控，还需制定并执行有效的收账策略。根据账龄分析表，企业应详细了解各阶段应收账款的具体情况，针对不同时间段的账款制定差异化的催收策略。例如，对于短期内即将到期的账款，可以通过电话或电子邮件提醒客户及时付款，而对于长期未结的账款，可能需要通过更直接的面对面会谈或法律手段来催收。如果发现客户因经济困难而难以偿还欠款，企业应主动出击，尽快与客户进行沟通，探讨可行的债务重组方案，如延长还款期限或部分免除利息等，以帮助客户渡过难关，同时尽可能地减少企业的坏账损失。在这一过程中，企业应充分考虑到客户的实际支付能力和未来的合作潜力，制订符合双方利益的解决方案。

企业应明确规定，销售人员需对其销售的产品的款项回收负责，实施"谁经办，谁负责"的原则。通过对销售人员进行销售业绩和款项回收的双向考核，可以有效提高他们对销售过程中财务风险的认识和管理能力。为了进一步激励员工积极参与催收工作，企业还可以设立催收奖励制度，如提成或奖金，以此提升整体的账款回收效率，确保企业资金流的稳定和健康。

## 七、企业资金成本风险的控制

企业对资金成本风险的控制应从资金筹集阶段入手，重点评估各筹资渠道的筹资成本及未来各类资金的预期使用成本。同时，从项目投资的初期到资金和利润全部回收的整个过程中，企业需始终关注并控制资金成本的风险，以确保资金的有效运作并减少潜在风险。

### （一）初始资金结构的控制

在确定了筹资总额之后，企业接下来需要考虑的重要一环便是资金的成本问题。随着社会主义市场经济的演进，企业筹资的途径变得更加丰富，这为企业提供了灵活选择资金来源的可能，使得资金结构可以更加多样化。然而，资金结构的选择对企业未来的发展方向有着深远的影响。在选择资金结构时，企业不应单纯基于资金成本的高低来做出判断。虽然选择长期贷款和发行债券等方式的资金成本相对较低，但过度依赖这些筹资方式可能导致信用等级降低和财务风险增大，甚至有可能导致负债超过资本的危机。因此，企业在选择资金结构时必须考虑自身的实际情况和发展需求，以便选取更适合自己的资金配置方案。

企业在拟订筹资方案时，应结合自身的经营现状，深入了解各种筹资渠道的特性，并设计出几种模拟方案。针对这些方案，企业需从多个角度进行深入分析，特别是各筹资渠道的资金成本及未来使用这些资金所需付出的成本。通过计算资金成本率，企业可以清晰地了解不同筹资渠道的资金成本大小。同时，企业需要审视自身的资本结构，以此作为决策的依据，确保最终选择的方案既能满足企业的资金需求，又不会增加过多的财务压力。

资金成本的选择还应考虑企业的发展前景和市场环境。在分析不同筹资方案时，企业可以运用资金成本比较法，即计算每种资金结构的加权平均资金成本，以比较各方案的成本高低，从而做出最优选择。通过这种分析，企业可以清楚地了解哪种筹资结构能够以较低的成本支撑企业的未来发展。资金成本较低的方案不仅能为企业节约成本，还能使企业在激烈的市场竞争中保持更大的财务灵活性。

企业在选择资金结构时，需权衡资金成本风险与财务风险的关系。为此，企业可以运用杠杆分析法或概率分析法来估算可能面临的风险，这两种分析方法能够帮助企业预判在不同资金结构下可能出现的财务风险程度，进而为企业提供可靠的决策依据。通过对资金成本和风险的全面分析，企业可以确保所选择的资金结构不仅适合自身发展，还能有效规避潜在的财务风险。

市场环境的变化也会对企业的资金结构决策产生重要影响。企业在制订资金方案时，必须时刻关注外部环境的变化，包括经济形势、产业政策及市场竞争等。只有对这些外部变化有敏锐的洞察，企业才能提前做出判断，避免因市场波动而增加资金成本风险。预见外部环境的变化，并根据这些变化调整资金结构策略，是企业保持稳健发展的关键。

企业在控制资金成本风险时，应注重长期的资本管理规划。短期内选择低成本资金渠道虽然能够减轻资金压力，但长期来看，资金结构的稳定性和合理性更为重要。企业不仅要关注当前的资金需求，还要考虑未来的发展规划，确保资金结构能够支持企业在市场中持续健康发展。因此，选择适合企业长期发展的资金结构，既是降低资金成本风险的有效方式，也是确保企业在激烈的市场竞争中稳步前行的基础。

## （二）资金使用过程中资金成本风险的控制

在企业的资金管理过程中，经常会面临一些不可预测的变化，这些变化可能迫使企业调整其经营策略，从而影响资金结构并改变预期的资金成本，引起资金成本风险。因此，企业需要密切监控其经营状态和外部市场的动态，以便及时进行管理、决策和政策上的调整，从而避免资金成本风险的产生。如果企业的运营结果超出预期，实现了较高的利润，可能会导致权益资金成本的上升。在这种情况下，企业应依据当前的经营成果来做出评估，并适时调整其股利分配政策，或者通过增加公积金等方式来适当降低税后利润，减少权益资金成本的支出，有效控制资金成本风险。

若企业能够提前预见到未来可能发生的资金成本风险，则可以提前采取防范措施。企业可以通过风险规避、转移或保留等多种风险处理方法，尽早进行防御，从而避免风险对企业造成严重损失。然而，如果企业未能及时预见风险，或实际情况与预期出现较大偏离，则应当积极应对风险可能会造成的后果。此时，企业应采取措施降低损失，缩小风险对业务的影响范围。在某些情况下，企业甚至可能需要暂停部分投资项目，以最大限度地减少资金成本风险对公司整体财务状况的影响。

### （三）追加筹资时资金成本风险的控制

在企业的持续发展过程中，随着业务的扩张和对外投资的需求增加，追加筹资成为企业的常态。这种追加筹资不仅会影响企业已有的资金结构，还可能因为改变原有的资金配置而提高资金成本风险和财务风险。更为重要的是，追加筹资过程中还必须考虑外部筹资环境的变化，这可能导致原先设定的资金结构不再适用，从而进一步增加资金成本风险。

为了有效控制追加筹资时的资金成本风险，企业需要综合考虑当前的经营状态和外部市场环境的变动。在追加筹资时，应重新计算和评估新的资金结构是否符合当前的经营需求，与原有的资金结构进行详细比较，从而制订更合理的筹资方案。企业可以采用以下两种策略来实现这一目标。

一是边际资金成本的计算。这一方法要求企业计算每个追加筹资方案的边际资金成本率，通过对比不同筹资方案的边际成本，选出成本更低且更能满足当前企业发展需要的筹资方式。企业需具备高效的财务分析能力，以确保所有计算准确无误，能真实反映每种方案的经济效益。

二是资金结构的整合分析。在评估完边际资金成本后，企业应考虑如何将新的筹资方案与现有的资金结构进行整合。这包括计算整合后的资金结构的综合资金成本，评估资金结构整合对企业财务状况的长远影响。通过资金结构的整合分析，企业可以从宏观角度把握资金配置的最优化，以达到成本最小化和风险控制最大化的双重目标。

完成筹资后，企业的工作并未结束。就像日常资金使用一样，企业需要持续监控资金成本风险，确保各种控制措施得以有效执行。包括定期审视资金成本的变动，评估筹资决策的实际影响，并根据市场和企业运营的实际变化做出相应的财务调整。只有这样，企业才能在不断变化的市场环境中维持稳健的财务状况，减少因筹资引起的财务压力和风险，促进企业的持续健康发展。

## 八、企业利润分配风险的控制

企业利润分配风险的控制主要集中在制定适当的利润分配政策上。企业需结合自身的实际情况，分析影响企业利润分配政策的各项因素，综合评估后确定应采取何种分配策略，以有效控制利润分配过程中的风险。

### （一）积极面对利润分配政策因素的影响，控制企业利润分配风险

企业在制定利润分配政策时，应积极应对各类影响因素，以有效控制利润分配风险。影响因素主要包括以下几个方面。

1.法律因素

法律对利润分配政策的影响涉及资本保全、企业积累、净利润以及超额累计利润等多个方面，企业必须遵循相关法律规定进行利润分配。

2.股东因素

股东的需求对利润分配政策起着关键作用，主要体现在两个方面：一是股东希望获得稳定的收入并减少税负，二是避免股权分散带来的控制权稀释。

3.公司因素

企业自身的状况也对利润分配产生影响，包括盈利的稳定性、资产的流动性、债务问题、投资机会、资金成本以及企业的举债能力等多方面因素，都会影响企业的利润分配决策。

4.其他因素

如股东将股利再投资的机会及其报酬率、经济环境、通货膨胀的变化、公司股票价格走势，以及同行业上市公司平均股利分配水平等。

企业应积极应对各种影响因素，一方面充分利用有利的因素来优化利润分配政策；另一方面要努力减小不利因素的影响，将其风险最小化。这样，企业才能确保利润分配政策既符合公司发展目标，也符合股东利益。

### （二）确定企业股利政策，降低利润分配风险

1.企业的发展阶段与实际经营状况

针对企业处于不同的发展阶段，应实施相应的利润分配策略，具体如表6-2所示。

表6-2　企业不同阶段的利润分配政策

| 公司发展阶段 | 特点 | 适应的股利政策 |
| --- | --- | --- |
| 公司初创阶段 | 公司经营风险高，融资能力差 | 剩余股利政策 |
| 公司高速发展阶段 | 产品销量急剧上升，需要进行大规模的投资 | 低正常股利加额外股利政策 |

续　表

| 公司发展阶段 | 特点 | 适应的股利政策 |
|---|---|---|
| 公司稳定增长阶段 | 销售收入稳定增长，市场竞争力增强，行业地位已经巩固，公司投资需求减少，净现金流入量稳步增长，每股净利润呈上升态势 | 固定或持续增长的股利政策 |
| 公司成熟阶段 | 产品市场趋于饱和，销售收入难以增长，但盈利水平稳定，公司已积累了相当的盈余和资金 | 固定股利支付率政策 |
| 公司衰退阶段 | 产品销售收入锐减，利润严重下降，股利支付能力严重不足 | 剩余股利政策 |

通过分析企业在不同发展阶段的财务指标及其反映的经营状况，选择与之相适应的利润分配政策，是企业控制利润分配风险、增强股东信心的有效方法之一。

2. 企业的投资机会

企业的投资机会也是决定利润分配政策的重要因素。投资机会的数量、预期收益的高低及风险大小都会直接影响企业的决策。如果企业拥有大量投资机会，且这些机会的收益较高、风险较低，那么企业应当减少当年的利润分配，保留更多资金用于投资，以获得更大的收益；相反，如果企业的投资机会有限，风险较高且回报不理想，那么企业应采取较高的利润分配政策，增强股东信心。

3. 投资者的态度

在企业经营过程中，要时刻关注投资者的态度，因为股东是企业的所有权者，对企业的发展方向和策略有着直接影响。管理层始终以回馈社会和股东为宗旨，因此对股东的意见和需求给予高度重视。在年度利润不尽如人意时，应提高当年的利润分配比例，稳定股东情绪，保持股价稳定，从而避免股东撤资的风险。

在企业遇到有利的投资机遇时，如可能带来长期利益的项目投资，管理者应该积极地与股东沟通，争取他们的支持，减少当年利润分配，并将资金投入更具增值潜力的领域。在这个过程中，即使遭遇部分股东反对，管理层也应探索其他投资者的可能性，寻求外部资金以维持企业发展计划的持续性，实现利润的最大化，也能够优化股东权益的整体增长。

4.企业的盈利能力

当企业盈利能力较强时，它拥有更多的自由度来决定利润的再投资，如用于扩大生产规模、研发新产品或进入新市场。这种策略有助于增强企业的市场竞争力和财务稳定性；相反，当企业的盈利能力较弱时，增加利润分配可能成为提升股东信心、稳定股东基础的必要措施，尤其是在经济不确定性较高的时期。为了制定合理的利润分配政策，管理层必须深入分析企业的历年财务数据，识别和评估那些可以准确反映企业盈利能力的关键财务指标，包括但不限于净利润、营业收入增长率、毛利率和净资产收益率等。通过对这些数据的综合分析，可以更准确地预测企业未来的获利情况，并据此做出更合理的利润分配决策。

决定利润分配的过程不应单纯依赖于盈利能力这一因素。企业还需要考虑市场条件、行业趋势、股东期望、经济环境以及潜在的投资机会等多种因素。通过全面评估内外部因素，企业能够权衡各方面的利弊，做出平衡当前盈利与未来增长、股东满意度与企业战略需求的最优决策。

## 九、企业资金运作风险的控制

为提高资金周转速度和使用效益，降低资金成本，企业需致力于强化资金管理。管理层、财务人员都应提高自己的素质与技能，确保从企业整体利益出发，尽职尽责地参与资金管理活动。

企业应采用先进且合理的计算方法，通过编制现金预算来确定所需资金量。现金预算详细记录预期的现金收入、支出及可能出现的盈余或短缺，并制定相应的资金调配策略，确保企业在面临资金短缺时有备用方案，同时合理运用盈余资金。

企业进行资金管理需做好筹资方案，应优先考虑内部筹资途径，如采用现金销售或预收款的方式，尽量缩短赊销账期，并加快欠款的催收进度。此外，合理调整库存水平，加速处理积压物资，并及时处置闲置或过时的固定资产，都是降低资金压力的有效方法。在必要时，企业还可以考虑向员工借款等内部融资方式。为保障资金需求得到满足，积极探索外部筹资渠道也同样重要。

合理运用资金意味着必须精确控制现金流入和流出，以确保企业的支付能力和偿债能力。现金流的管理应涵盖企业的所有经营、投资和筹资活动，以优化资金的流转。企业还需特别注意支付风险和资产流动性风险，避免资金流出的不必要风险。

全面预算管理的实施也是企业资金管理中的关键部分。采用分级上报和审批的方式，可以确保预算的严谨性和适用性。一旦预算确定，应成为指导企业内部运营的基础，不宜随意更改，以维护企业活动的规范性和连贯性。

加强内部审计监管对确保企业资金安全至关重要。内部审计不仅要审查财务和经营的真实性与合法性，还要重点关注规章制度的执行情况和重大经营决策的落实。通过强化事前预防和事中控制，企业可以有效保障经营的规范性。

资金支付审批管理需引起足够重视。合理设定资金审批权限，完善审批流程，是防止权力过度集中和资金滥用的有效措施。严格的资金支出控制不仅确保了资金的合理使用，还有助于企业规避不必要的财务风险。

## 第五节　企业内部控制审计

### 一、内部控制审计概述

#### （一）内部控制审计的定义

内部控制审计是指会计师事务所接受委托，对特定基准日内部控制设计与运行的有效性进行审计。根据《企业内部控制基本规范》和《企业内部控制审计指引》，这种审计形式要求注册会计师为被审计单位的内部控制提供合理（高级别）的保证作为其鉴证业务的一部分。

在理解内部控制审计时，以下几点是关键。

1. 内部控制审计的目的

内部控制审计的主要目的是对企业内部控制在设计和执行上的有效性发表专业的审计意见。

2. 内部控制审计的责任

企业董事会负责建立和维护有效的内部控制系统；而注册会计师的职责是基于已实施的审计活动，对企业内部控制的有效性提供审计意见，即内部控制的有效性是企业管理层的责任，而按照审计指引有效开展审计并提供意见则是注册会计师的责任。

3. 内部控制审计的范围

注册会计师的审计范围应涵盖企业的整体内部控制。注册会计师应就企业财务报告的内部控制有效性发表意见，并在审计报告中适当披露关于非财务报告内部控制的重大缺陷，但注册会计师在承担审计风险方面的能力有限。

4.内部控制审计的方法

注册会计师采用自上而下的方法来执行审计。审计时，注册会计师被鼓励将企业层面和业务层面的控制测试结合起来。

5.内部控制审计的基准日

注册会计师应就特定基准日（如每年的 12 月 31 日）的内部控制有效性发表意见，而不是针对财务报告涵盖的整个期间（如一整年）的内部控制效果提供意见。

（二）内部控制审计的步骤

在注册会计师执行内部控制审计时，应坚守以风险为导向的基本审计原则，并采用自上而下的方法来展开工作。内部控制审计的步骤如下。

（1）在正式接受审计任务并制订计划前，注册会计师须执行初步审计程序，深入了解企业的内部控制系统的架构及其运作情况，以此为依据决定是否接受审计业务。此步骤旨在从源头降低潜在的审计风险，若发现内部控制存在严重缺陷或风险较高，可考虑拒绝该业务，从而把风险控制在较低水平。

（2）一旦决定接受审计任务，注册会计师需要对企业的内控风险进行全面评估，以评价内部控制系统的可靠性。这一评估过程涉及全面地了解和分析企业的所有潜在风险，并据此确定审计的具体范围和重点。

（3）在风险评估完成后，需执行更深入的审计操作。注册会计师应将主要的审计资源集中于风险较高的领域，以确保这些关键部分受到足够的关注，进一步降低审计风险。

（4）在上述工作完成后，注册会计师应进行相当于中期的复核，评估之前实施的审计测试程序的适当性及收集的证据的充分性，并重新评估内控风险，以判断审计风险是否处于可接受的水平。

（5）在前期所有工作结束后，注册会计师需要综合所有收集的审计证据，并在坚持独立和谨慎的职业道德原则下，编制并出具符合标准的内部控制审计报告。为减少重复审计工作并降低成本，注册会计师可以参考以往年度的审计结果，但需评估被审计单位的内部控制环境是否有所变化，以确保审计结果的准确性和适用性。

## 二、大数据发展背景下企业财务审计创新的有效途径

### （一）加强对大数据相关知识的掌握与应用

在当前阶段，虽然大数据技术已在多个行业显示出显著的应用效果，但是它仍处于初级阶段。大数据技术是近年来快速崛起的技术，这方面的专业人才相对较少，特别是在我国，由于审计行业发展时间短，从事财务审计的人员往往具有较为单一的知识背景，缺乏对大数据技术的深层次理解和应用。他们倾向于采用传统的审计方法和思维进行工作。因此，为了提高财务审计的效率和质量，并为企业的持续发展提供支持，财务审计人员必须主动学习和掌握大数据技术相关知识，并通过大量的学习及实际操作来不断提高自身专业能力。

### （二）科学分析数据信息，提高财务审计效率

为了提高财务审计的效率，首先，审计机构需确保对数据来源有充分的了解，并确认具体的来源渠道，保障所用数据的准确性与可靠性。其次，审计人员应深入理解被审计单位的行业背景、经营模式及系统运作，分析其财务信息的特性，这将助力审计机构更有效地、精确地进行数据的整理和计算，从而节约资源。再次，审计人员需详尽分析后台数据结构，提高非结构化数据的使用效率，准确捕捉关键和疑点信息，以增强数据分析的功效。最后，保持数据的时效性至关重要。一旦数据发生变更或更新，审计机构必须立即刷新数据信息，并在妥善保存数据的同时，对旧版本进行明确标注。

### （三）加大信息建设力度，构建数据平台

为了强化信息建设，首先，审计机构需要全面掌握大数据技术。为此，可以引进专家进行大数据技术培训，并更新相关操作手册，确保大数据技术得到正确应用，从而提升其使用效能。其次，审计机构应致力于建设双重数据库平台，根据项目将平台进行分类管理，实现项目组数据的共享，并按地理位置分类审计数据，以便能够跨省份、跨级别进行数据交流与参考。最后，鉴于审计模式的持续演变，必须定期更新审计软件的功能，加强审计模型的开发，确保审计实践中不仅满足基本功能需求，还能提供预测分析能力。[①]

### （四）增强财务审计工作的独立性

为确保财务审计工作顺利进行，并有效提升其效率与质量，必须增强财务审计工作的独立性。这样，财务审计才能在企业中充分发挥其监管资金运行的作用。一方面，财务审计在实践中需要根据实际情况建立更加具有针对性的产权体系。通过这种方式，财务审计能从公司的财务总体工作中独立出来，并被纳入产权体系，这样不仅提高了审计工作的独立性，还有助于避免审计效力不足的问题。另一方面，应当创建具有监管特性的审计机构，使财务审计能从财务部门独立出来，从而提高审计工作的独立性，使其在企业中更有效地发挥作用。

### （五）提高财务审计人员的素质水平

对于企业来说，提升财务审计人员的素质对于持续提高企业管理效率及经济收益至关重要，这也是实现企业长期发展和现代化的关键。因此，企业必须重视并加强财务审计人员的思想教育，确保他们的职业

---

① 李佳欣，崔婧.大数据背景下的内部审计工作方法的创新研究[J].中小企业管理与科技（中旬刊），2020（11）：68-69.

道德符合企业发展和财务审计的要求。在当今社会经济快速发展的背景下，由于社会价值观的多样化和复杂化，一些审计人员可能在法律意识和职业道德上存在不足，有时为了个人利益可能偏离法律和道德的规范。因此，加强对财务审计人员法律意识和职业道德的教育显得尤为重要。企业应通过案例分享和问题分析，帮助审计人员建立正确的职业道德观念，并鼓励他们严格自律，从而提升他们的职业素质。此外，企业还需加强对财务审计人员的专业培训。定期进行针对财务审计的专业知识培训，以提高审计人员业务处理能力，从而提高整体的财务审计效率，帮助企业获得更好的经济效益和社会效益。

# 第七章　信息时代财务风险预警与防范

## 第一节　财务风险预警系统概述

### 一、财务风险预警系统的含义

　　财务风险预警系统是企业财务管理中的关键组成部分，其主要功能是利用财务数据和市场情报对企业潜在的财务风险进行早期识别和警告。这一系统基于企业的财务报表、经营计划和其他相关财务数据，结合会计、金融和市场营销等多领域的理论，通过比例分析和数学模型等方法对数据进行综合分析，以此发现并警示经营者和相关利益者企业可能面临的风险。财务风险预警系统的建立，使企业能够从日常经营的各个方面收集数据，对这些数据进行持续而有效的监控，从而及时发现财务运行中的异常现象。

　　此系统不仅仅是一个数据分析工具，更是一个战略性管理工具，能够在企业面临危险情况时，及时通知企业管理层，分析可能引发财务危机的原因以及企业财务运营中潜在的问题。这种早期的风险识别使得企业能够提前准备应对策略，避免或减轻可能的财务损失。财务风险预警系统的灵敏度高，能较早地指出财务状况的恶化迹象，让企业有机会采取措施进行调整或修正，从而保障企业的健康发展。同时，这一系统也与企业的财务评价系统相互依赖，互为补充。财务风险预警系统侧重于事前的预测和风险控制，而财务风险评价系统则更多地关注事后的反映和监督。两者相结合为企业的财务健康和战略决策提供全面的支持，使企业在复杂多变的市场环境中，不仅能反映当前的财务状况，还能预测未来的趋势和挑战，为企业经营管理决策提供有力的数据支持和理论依据。

## 二、财务风险预警系统的主要功能

财务风险预警系统作为企业管理的微观工具，采用模型来细致监控企业的财务活动。系统的主要职能是识别并判断所监测财务信息的当前状态及其潜在危机级别，预测财务运行的可能走向。在实际操作中，该系统持续跟踪企业的生产与经营活动，通过将实际情况与既定目标、计划和标准进行比较，有效预测运营结果，识别偏差，并进行深入分析以确定偏差原因或问题所在。

### （一）监测功能

财务风险预警系统的核心功能是提前对潜在的风险进行警示和预防。该系统通过监控企业的日常生产与经营活动，并将这些实际表现与企业设定的目标、计划和标准相比较，从而对企业的运营状态进行预测，识别其中的偏差，并进行详细的核算和评估。这一过程有助于揭示偏差产生的根本原因或存在的问题。在关键风险因素可能影响企业财务状况之前，该系统能够及时发出预警，使管理层能够提前准备或制定有效的应对措施。同时，在这些风险因素实际影响企业时，系统也会及时提出警告，促使管理层迅速采取措施，以阻止或减轻风险可能带来的负面影响。

### （二）诊断功能

诊断功能是财务风险预警系统中重要的一环，它负责深入分析跟踪和监测得到的数据，利用先进的企业管理与诊断技术对企业的营运状况进行详细评估。通过这种评估，系统能够精准地判断企业运营的优点和缺陷，从而识别出潜在的运营问题和财务风险的根源。以流动比率过低为例，这种情况通常指出企业在资金流动性管理上存在问题。在进行详细分析后，可能发现问题的原因是企业在追求快速成长的过程中忽视了资金管理的系统性和规范性，导致资金使用分散且效率低下，最终造成资金流动性紧张，难以满足短期债务的支付需求，从而面临财务危机的风险。诊断功能不仅帮助企业认识到这些问题，还能够提出具体的改进措施和策略，如优化资金管理流程、加强对资金使用的监控等，以确保企业资金流动性的健康状态，预防财务问题的发生，从而为企业的稳定运营和长远发展提供有力保障。

### （三）治疗功能

治疗功能在财务风险预警系统中发挥着重要的作用，它不仅涉及对发现的企业财务问题进行纠正，还包括采取措施防止这些问题再次发生。在监测和诊断企业确定存在的问题并找到其根源之后，治疗功能便开始发挥作用，通过具体的策略和措施纠正偏差，恢复企业的正常运营。在这一过程中，一旦识别到潜在的财务危机，企业不仅要迅速采取措施阻止危机进一步恶化，还需要从根本上解决问题，包括优化现有的财务管理流程、改善资金管理策略、重新评估投资决策等。同时，企业经营者需要在内部寻找资金创造的可能性，如通过成本控制增加内部现金流，或通过改进营运效率提高资金周转率。此外，企业也需要积极探索外部融资的机会，如通过借贷、发行债券或股票等方式引入外部资金，以稳定企业的财务状况并支持企业的持续发展。

### （四）健身功能

健身功能在财务风险预警系统中扮演着关键角色，它使企业能够从每次财务风险事件中吸取教训并增强自身的防御机制。通过详细记录和分析导致财务风险的原因、处理过程、解决措施，以及后续的反馈和改进建议，企业可以构建一个完善的知识库，供未来遇到类似挑战时参考。这一功能的实施，不仅帮助企业修正现有的偏差和过失，更让这些经验和教训转化为企业运营和管理的一部分，成为规范和标准的一环。长期来看，将显著提升企业的内部管理能力和风险应对能力，使企业在面对各种财务风险时能够更加稳健和自信，从而实现企业健康持续的发展。

## 三、财务风险预警系统的主要特征

财务风险预警系统设计为在风险初现时便能发出提前警告，而不是在企业已深陷严重危机之后才揭示问题，这种先兆性是系统设计的核心。系统的高度敏感性确保了一旦财务风险开始显现，它可以迅速在系统中得到反映，允许企业采取及时的应对措施，从而防止问题进一步扩大。

财务风险预警系统的参照性允许根据企业的发展规律和结构特点精选敏感且准确的财务指标，运用数理统计学原理来计算并监测这些指标，以此反映企业的财务状态并为决策层提供参考。通过集成这些特性，财务风险预警系统不仅作为监测工具，而且成为企业决策的辅助，帮助企业领导人理解和预测财务发展趋势，提前识别潜在风险。系统的动态监测能力允许企业不断地评估其财务状况，及时调整管理策略以适应市场和运营的变化，从而有效地避免或减轻可能的财务损失。财务风险预警系统通过连续的数据分析和趋势预测，为企业提供了一种动态调控的手段。通过持续的监控，企业可以在问题尚未全面爆发之前采取预防措施，从而使风险管理更加主动和更具前瞻性。

# 第二节　企业财务风险预警系统的构成

确保企业财务风险预警系统能够有效运作并形成一个良性的动态循环，关键在于系统的设计，需要整合监测、诊断等多个功能。企业财务风险预警机制，是构建在相互依赖和相互制约的预警职能体系之上的，它不仅是降低财务风险的核心，还是激活企业财务管理的重要部分。通过建立和完善这一机制，企业引入内部风险预警系统，使得企业管理层、员工共同参与风险管理，实现责任、权力和利益的有机统一。

从构成的角度分析，企业财务风险预警机制包括几个主要部分：财务风险预警管理目标，这是指导整个系统运作的基本方向；信息收集与传导机制，确保所有相关财务信息能够被及时收集并有效传达；财务风险评估与分析机制，通过系统分析来识别和评估潜在的财务风险；预警信号报警与处理机制，一旦识别到风险，立即启动预警并采取相应措施；预警组织机制，支撑以上各组成部分，确保预警系统的顺畅运行。

## 一、财务风险预警管理目标

企业财务风险预警管理目标是多方面的，旨在通过系统的实施和操作不断提升企业对财务风险的认知，从而有效地减轻或消除由不确定性因素带来的影响。实现这些目标的路径包括建立一个全面的风险预警系统，该系统能够及时发现财务管理中的各种潜在漏洞、失误及重大风险点。通过这样的监控，企业能够在问题初现时就采取措施，确保所有资金活动都在可控的安全范围内进行，从而增强资金的效益性和流动性。此外，财务风险预警管理旨在为企业打造一个安全的理财环境，这样的环境能显著增强企业领导和员工在面对财务风险时的信心，促进形成有效的协同作用。不仅有助于构建一个坚实的团队，还为企业的战略决策提供了坚实的后盾。

通过财务风险预警系统，企业领导能从日常的烦琐事务中解放出来，将更多的时间和精力投入关乎企业未来的重大决策上。这种管理效能的提升，得益于现有管理基础的充分利用和企业资源计划、信息技术等现代技术的有效运用，这些技术的应用既提高了企业财务管理的效率，也提高了企业整体的管理水平。

## 二、信息收集与传导机制

在企业财务风险预警系统中，信息的收集与传导机制扮演着核心角色。有效的财务风险预警系统依赖于对大量财务风险信息的精确统计分析，因此，设置精密的信息监测机制至关重要，该机制专注于收集能够敏感且准确地映射企业内部的生产、经营和市场开发等方面变化的财务信息。通过对这些信息的综合分析和处理，财务风险预警系统可以及时揭示企业运营中存在的各种问题，从而使企业能够准确预测潜在的财务风险，及时采取措施进行规避和控制，维护企业的持续健康发展。

风险信息的传导机制同样是财务风险控制的基石，确保风险信息能够迅速准确地在企业内部流通。这一机制确保从风险识别到风险管理的每一步都能高效执行，包括将收集到的风险信息迅速传递到企业的预警系统中，以及将系统生成的风险管理指令有效传达至相关管理部门，确保这些指令得到及时的执行。同时，该机制还涵盖了将实际操作后的效果评估反馈给预警系统，以便不断优化和调整预警策略和工具，提升系统的整体效能。

## 三、财务风险评估与分析机制

在实施财务风险预警系统时，企业必须先行对发生在财务活动中的各种风险进行细致的分类与评估。这一步骤是关键，因为它帮助企业在早期阶段就准确识别和定义财务风险，从而确保每项财务决策的准确性，评估市场和环境条件对企业财务的可能影响。这种预警机制的核心在于能够及时发现潜在的风险，将其消除在未对企业造成影响之前。

尽管国内已经开发了多种企业财务风险预警模型，这些模型在实际应用中仍显示出一定的局限性，未能完全适应所有企业环境。因此，企业在选择和应用财务风险评估与分析模型时，需要考虑到自身特定的风险状况和管理层的专业水平。选择合适的模型是至关重要的，它能够确保企业对财务风险进行有效的结构化分类、深入的程度测评、全面的结果分析，以及发展趋势的预测。

## 四、预警信号报警与处理机制

企业为了及时应对潜在的财务风险，可以通过设置一个精细的财务风险报警系统来预测并预报警情。这一系统设计有助于在关键指标超出设定的安全临界值时立即发出警报，从而通知相关部门和责任人员采取行动。报警方式的多样化设计使得警报更为直观和易于理解，如采用不同颜色的指示灯来表示不同级别的警告：红灯表示严重警告，黄灯表示中度警告，蓝灯表示轻微警告，而绿灯则表示情况正常。此外，不同的声音警报也可以用来区分危险程度的大小，从而确保每一级别的风险都能被迅速且有效地识别和响应。

一旦财务风险被检测到并报警，企业必须无延迟地发出财务风险控制指令，动态地采取适当的风险缓解措施。这些措施包括但不限于紧急财务审查，资金流的重新调配，或者暂停某些可能加剧风险的活动。同时，通过深入分析导致风险的根本原因，企业可以设计出更有效的策略来减少未来风险的可能性及其可能带来的损失。

如果企业的财务风险持续处于高位，不仅会影响企业的运营，甚至可能威胁到企业的生存。因此，企业必须制订周密的风险处理方案，以防范和减轻这些风险的负面影响。通过预先制订的应急计划和风险处理策略，企业可以在风险出现初期就有效地削弱其影响。

## 五、预警组织机制

在建立财务风险预警系统时，预警组织机构的构建是至关重要的，因为人才是实施预警管理的主体。企业需要根据自身规模和预警系统的要求，建立一个既实用又高效的预警组织结构，确保预警系统能够顺利运行并实现其目标。这个预警组织机构不仅是企业现有结构的延伸，也是对现有体系的重要补充，目的是使财务风险管理能够更为系统和全面。

预警组织机构的设计应保证其在职能上既独立又能与企业的经营和财务活动保持一定的距离。这种相对的独立性使得预警组织机构能够客观地评估财务状况，避免内部利益冲突，同时又需确保这一机构能够深入企业的各个部门，全面掌握财务活动的实时情况。

为了有效地管理和控制各类财务风险，预警组织机构必须具备处理复杂信息的能力，不仅要关注内部的财务风险，还需考虑体制、市场、信用、法律、金融、技术等外部风险因素。因此，企业应设立一个专门的预警中心，负责对这些风险进行综合分析和总结，并统一向企业高层管理进行报告。为保持风险预警的客观性和独立性，预警部门通常直接向企业的总经理汇报，这种汇报结构有助于确保信息的及时传递和处理决策的迅速执行，从而使企业能够在风险初现时迅速做出反应，有效控制甚至消除潜在的财务风险。

企业财务风险预警管理组织机制如图 7-1 所示。

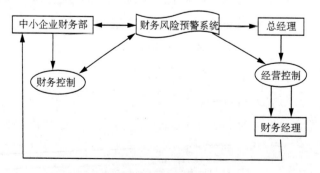

**图 7-1　企业财务风险预警管理组织机制**

## 第三节　信息时代企业财务风险预警机制

在数字化时代的背景下，大数据技术已成为企业应对市场挑战、优化管理的重要工具。尤其在财务风险管理领域，这项技术的应用能够显著提升企业预警和风险控制的能力。随着经济环境的快速变化，企业面临的财务风险愈加复杂，尤其在激烈的市场竞争中，这种风险直接影响企业的经济效益与持续发展能力。为了有效应对这些挑战，构建精准高效的财务风险预警机制成为企业迫切需要解决的问题。利用大数据技术，企业可以对海量数据进行分析，从而精确识别潜在的财务风险点，提前做好准备，避免或减轻损失。这种预警机制不仅依靠大数据的分析能力，还需要企业制定一套科学、系统的操作流程，以确保数据的有效整合和风险预测的准确性。

在实施财务风险预警机制时，企业需结合自身实际情况，设计适合自己的风险评估模型和响应策略。这包括对各种财务数据的实时监控、风险评估的自动化及对风险响应措施的快速执行。为了进一步提高预警系统的效率与准确性，企业还应不断更新和优化数据处理算法，以适应经济环境的变化和市场需求的演进。

### 一、企业财务风险预警机制的构建

在大数据技术推动下，企业财务风险预警机制得到了全新的构建。此机制主要分为常态预警与特殊预警两大类型。常态预警机制作为企业日常运营的标准配置，而特殊预警机制则在关键决策时刻发挥作用。这些预警机制综合涉及了数据收集、风险评估、预警结果反馈及报告编制等多个环节。

数据收集阶段，技术团队利用自动化工具持续更新企业及行业经济数据，包括行业动态、供应链信息和企业自身财务数据。这一流程不仅支持常规的结构化数据，对于非结构化或半结构化数据也给予高度关注，并通过先进的数据处理技术进行分析，这有助于揭示数据中隐藏的风险指标和变量。

企业在风险评估过程中，需要对潜在的风险种类进行详细分析，通过对大量存储在数据库中的相关数据进行系统分析，企业可以对宏观经济趋势、供应链变动及行业特有风险进行深入洞察，进而科学地识别出运营风险、竞争风险及法律风险等。

当企业的风险测量结果超出设定的预警临界值时，财务风险预警机制将自动启动决策流程。这个临界值的设定至关重要，过高可能导致企业忽视重要风险，过低则可能错失发展机遇。此外，构建有效的财务风险预警机制还需借助人工智能和大数据分析技术。通过支持神经网络模型和支持向量机等高级算法，企业不仅能优化风险预警的临界值设定，还能通过详细的变量分析，实现对财务风险的精确评估。

## 二、基于大数据时代的企业财务风险预警机制的实施路径

### （一）注重科学分析行业风险测度情况

在行业风险分析中，企业面临的主要挑战是如何科学地处理和解读所处行业的变动对自身的影响。作为行业不可或缺的一部分，企业的生存与发展受到行业内部竞争态势的直接影响。分析行业风险时，企业会参考行业集中度、经济利润率及销售增长率等关键指标。这些指标的变动反映了行业的整体健康和成熟度，从而帮助企业预测和应对潜在的风险。

利用大数据技术的强大计算和分析能力，企业能够实时更新这些关键经济指标，为高层决策者提供全面而系统的信息支持。信息的及时获取和分析，为企业提供了深度洞察，使得预警机制更加精确和有效。高

级数据分析工具如数据挖掘和机器学习算法能够进一步深入挖掘行业数据中隐藏的模式和趋势，使得预警系统不仅反映当前的风险状况，还能预测未来潜在的风险变动。

### （二）加大对供应链传导影响的分析力度

分析供应链传导对企业财务的影响是一项复杂且重要的任务。企业在进行财务风险评估时，必须对供应链中上下游企业的依赖程度进行深入分析。包括评估供应商的行业集中度、采购量在供应商业务中的比例及供应的部件的关键性。例如，对于那些在供应链中占有重要地位的供应商，一旦出现供货不稳定或质量问题，将直接影响企业的生产效率和产品质量，进而影响企业财务状况。此外，企业还应考虑关税政策变动、国际贸易摩擦等，这些都可能突然改变材料成本或影响供应链的稳定性。因此，对这些外部因素的监测和分析同样重要，它们能够为企业提供必要的信息，以预测和准备应对可能的风险。

当分析到高依赖度的上下游企业时，还需评估这些企业自身的财务健康状况。如果这些关键供应商面临财务困难，其供应的中断或质量下降可能会给企业带来连锁反应的风险。在这种情况下，建立一个全面的风险预警系统变得尤为重要，该系统不仅能够实时监控供应链中关键节点的风险，还能提前警示潜在问题，使企业有足够的时间调整策略或寻找替代方案。

### （三）确保企业内部动态重点分析的科学性与合理性

在确保企业内部动态分析的科学性与合理性方面，深入评估企业的运营重点和内部风险成为关键。企业内部情况可大致分为非财务和财务两大类，各自涉及一系列复杂且关联的因素。利用企业资源计划（ERP）软件，可以从多维度收集和分析不同类别的财务指标与数据信息，包括企业的运营效率、偿债能力、经济利润及风险抵抗力等关键方面。

在分析非财务情况时，考虑的因素包括但不限于企业的治理结构、内控机制的建设及相关规章的实施效果。这些因素虽然对财务风险管理的直接影响较小，但它们在确保企业长期稳定运营中扮演着基础性角色。例如，若内控机制出现缺陷或不完善，便可能隐藏增加的财务风险，影响企业的整体健康发展。

财务数据的分析应综合考虑外部经济环境和市场变动对企业的直接影响。通过 ERP 系统的高级分析功能，企业可以实时监控市场变化和经济趋势如何影响自身的财务表现，使企业能够预测潜在的财务问题，并在问题成为真正的威胁之前采取预防措施。

在综合考虑企业内部和外部因素的基础上，精细化的风险评估和管理策略显得尤为重要。企业应建立一个包含各部门和层级的全面风险管理框架，确保从顶层设计到具体执行的每一步都能反映出对风险的科学理解和合理应对。

### （四）做好行业关联影响情况的合理分析工作

行业关联影响分析旨在深入探索不同行业发展变动如何影响特定企业及其行业。例如，建筑行业的发展速度会直接影响钢铁和木材等上游行业以及家电等下游行业，这些变化最终对广泛的经济层面产生显著影响。餐饮行业虽然与建筑行业的直接联系不密切，但其运营状况也会因为经济环境的波动而受到间接影响。

利用大数据技术，企业能够对这些复杂的行业关联进行详细分析，精确地捕捉到那些可能对自身业务产生影响的外部变动，包括对历史数据的深入挖掘，以识别行业间相互作用的模式和趋势。例如，通过分析多年的经济数据，企业可以评估特定外部事件对自身行业的具体影响，如全球贸易政策变更或经济衰退等宏观经济因素如何影响供应链和销售渠道。在此基础上，企业应综合考虑行业数据分析结果，合理预测未来发展趋势。这种前瞻性分析不仅帮助企业预见潜在的行业发展难题，还能使企业在风险显现之前采取措施，从而维护企业的稳定发展。对于那些行业关联紧密且变动频繁的领域，企业更需建立灵活的策略，以适应快速变化的市场环境。进一步地，企业需要对行业关联影响的分析结果进行深度整合，构建一个全面的风险管理框架。这既包括对外部行业风险的监控，也包括对内部财务和运营状况的持续评估。例如，通过定期审查内部财务报告和业务操作，结合外部行业分析，企业可以更准确地识别风险点并制定应对策略。企业还应加强与行业内外的信息共享和合作，通过建立行业合作网络，共同评估和应对行业风险。这种合作既可以提高单个企业的风险管理能力，也有助于整个行业的稳定发展。

结合大数据分析提供的深度洞察，企业应不断优化财务风险预警机制，确保这些机制在实际操作中的有效性和前瞻性。通过持续的技术创新和方法优化，企业能够更好地应对复杂多变的经济环境，降低潜在的财务风险，从而促进自身长远的发展与繁荣。最终，通过对行业关联影响的全面分析和科学管理，企业不仅能够确保自身的财务健康，还能够在不断变化的市场中把握更多的发展机会。

## 第四节　信息时代企业财务风险防范

### 一、完善"云会计"相关法律法规，构建信息共享平台

在数字化时代，会计行业正面临一次重大转型，特别是随着"云会计"概念的引入。云会计通过分布式处理、数据库技术、云存储和虚拟化技术的支持，大幅改进了传统会计的操作模式。它不仅解决了会计信息存储空间不足和安全问题，还通过互联网实现了数据的高效整合与管理，从而大大提升了企业的财务管理能力。

云会计的普及与应用带来了一系列技术和法律上的挑战。首先，现

有的信息系统工具多为孤立运作，未能充分发挥大数据的潜力，常导致管理层获取的企业信息不完整，容易发生决策偏误。其次，随着企业向集团化方向发展，涉及的业务越来越多元化，对信息处理和财务管理的需求也日益增加。在这种环境下，云会计的实施不仅需要技术上的创新，更需法律法规的完善和支持。构建健全的法律框架，如专门针对云会计和大数据的应用进行规范十分重要，包括确立数据保护法律标准、规范数据的使用和分享规则，以及加强对云服务提供商的监管，确保它们提供的服务既安全又可靠。同时，应建立起一个全面的信息共享平台，以支持各个企业之间的数据交换，提升数据的透明度和可访问性。

在技术层面，云会计的实施应采用先进的加密技术和安全协议，保护企业数据不受未授权访问和潜在的网络威胁。为了适应不断变化的市场需求，云会计系统需要具备高度的灵活性和扩展性，能够随时更新和升级以应对新的业务挑战。

通过以上措施，云会计可以实现潜在的优势，如降低运营成本、提高数据处理效率、增强企业的战略决策能力。对于财务人员而言，云会计让他们能够不受时间和空间的限制，随时随地访问、更新和分析财务数据，从而更快地响应市场变动和管理要求。结合这些技术与法律的创新，云会计不仅能够帮助企业更好地管理其财务，还能通过数据的集成和分析，帮助企业避免财务决策的偏差，优化财务预算和预测，最终推动企业的长远发展和成功。

随着云会计的不断发展和成熟，它将成为企业数字化转型中不可或缺的一部分，特别是对于那些追求效率和准确性的现代企业来说。完善相关的法律法规并构建强大的信息共享平台将是确保云会计成功实施的关键。

## 二、挖掘增值业务，创造新的盈利点

在当前大数据时代，企业需要利用信息共享的优势来扩展其增值业务，从而创造新的盈利点。增值业务的发展不仅能够增强企业的核心竞争力，还可以显著提高企业的整体经济效益。首先，企业应通过建立和利用信息共享平台，实时获取和分析各种数据，包括消费者行为、市场趋势及竞争对手的动态。这种数据的深入分析可以帮助企业识别现有业务中未充分利用的潜在盈利机会。例如，通过分析消费者的购买行为和偏好，企业可以开发新的产品或服务，或者改进现有的产品线以更好地满足市场需求。其次，企业应探索跨行业合作的可能性，利用各自的数据资源和技术优势，共同开发新的市场机会。例如，零售企业可以与金融服务提供商合作，共同开发基于消费数据的个性化金融产品，不仅能增加客户黏性，还能开辟新的收入来源。再次，企业应考虑利用大数据技术优化内部运营，降低成本并提高效率。例如，通过数据分析，企业可以优化供应链管理，减少库存成本和提高物流效率；通过分析员工的工作模式和业绩数据，企业可以更有效地进行人力资源管理，提高员工的工作效率和满意度。在技术层面，企业应投资于先进的数据分析工具和技术，如机器学习和人工智能，这些技术可以帮助企业从大量的数据中提取有价值的洞察，支持决策制定。这种技术投入虽然初期可能需要较大的资本支出，但长远来看，能够带来显著的回报。最后，企业在开发增值业务时，需要密切关注法律法规的变化，确保业务操作符合相关的法律和行业标准，尤其是在数据的收集、处理和利用方面，这是保障企业长期可持续发展的基础。

## 三、加强企业财务预警与预算

在大数据时代，企业的财务预算和风险预警机制的创新和加强显得尤为重要。随着数据技术的发展，企业拥有了前所未有的能力来分析、预测和管理财务风险。有效的预算管理不仅帮助企业防范未来的财务困难，还能提高整体的财务健康水平和业务运作效率。首先，企业需要利用大数据技术优化财务预算的全面性和准确性。利用大数据平台，企业可以收集和分析来自不同业务部门的实时数据，这有助于企业管理层全面了解公司的财务状况和潜在风险。在这种情况下，引入云会计的概念，可以有效地整合和处理庞大的财务数据集，从而提高预算的精准性和实时性。云会计系统能够自动更新财务数据，减少人为错误，确保数据的一致性和可靠性。其次，企业应当在预算管理中设置明确的警戒线，以及时识别和响应可能的财务风险。例如，当某一财务指标达到预警线时，系统会自动通知相关人员采取措施，如调整预算分配或审查风险较高的投资项目。这种主动的风险管理方式能够使企业更加灵活地应对市场变动和内部挑战。加强企业内部对预算管理的重视同样重要，管理层必须认识到精确的预算制定是确保企业财务稳健的关键，因此，企业可以举办定期的财务培训和研讨会，提高员工的预算编制能力和风险管理能力。此外，企业应该鼓励跨部门的沟通与协作，确保财务数据的完整性和预算方案的实施效率。

在技术应用方面，企业应考虑采用先进的分析工具和算法，如机器学习和人工智能，这些技术可以帮助企业从大量数据中提取有价值的洞察，优化预算制定过程。机器学习算法能够识别数据中的模式和趋势，预测未来的财务状况，从而为企业提供更科学的预算依据。企业还应该关注预算执行的监控和评估。定期的财务审计和预算回顾不仅可以帮助企业评估预算执行的效果，还可以识别和改正计划中的缺陷和不足。通过这种持续的反馈和优化过程，企业能够更好地掌握财务管理的主动权，提高财务决策的精确度和适应性。

## 四、建立财务风险制度

在大数据时代背景下，企业必须构建坚实的财务风险管理体系，这是衡量其成熟度和市场应变能力的关键指标。一个有效的风险管理体系不仅能预防和缓解潜在的经济危机，还能提升企业的整体盈利能力和市场竞争力。

企业需要利用现代计算机技术和大数据的优势，建立一个全面的基础数据库，包含从日常运营到战略决策所需的所有关键数据。定期更新和分析这些数据能帮助企业绘制出详尽的风险概率走势图，为管理层提供决策支持，洞察潜在风险点和业务机会。企业应在大数据云系统的支持下，建立一套完善的财务凭证保管机制。这涉及数据的收集与整理，以及确保所有财务信息的安全和完整性。专职技术人员的加入，关键在于保证数据的准确性和实时性，使企业能够在任何时候快速响应市场变化。企业还需设立一个由多部门成员组成的风险防控小组，基于已构建的基础数据库监控、评估并应对各种财务风险。风险防控小组能实时监测市场动态和内部操作，及时提出风险预警，帮助企业在风险发生前采取有效措施，最大限度地减少潜在损失。通过培养管理层及员工的风险防范意识，企业可以更主动地应对各种挑战。管理层应强化对风险管理的关注，增强风险防范意识并主动参与防控工作。同时，实施一套公正的绩效考核机制对于激励员工积极参与风险管理也非常有帮助。奖惩机制应既公正又具有激励性，以奖励为主，惩罚为辅，确保每个员工都能在其职责范围内为企业的风险管理做出贡献。

# 第八章　企业财务风险管理的新趋势与技术

## 第一节　机器学习技术在企业财务风险预警中的应用

　　风险管理对于大多数企业至关重要，因为它不仅能够防止企业遭受损失，还能助力企业利润最大化。然而，风险管理的有效性高度依赖基于信息的决策制定，而传统的人工预测方法不仅耗时长且效率低下，其准确性也不尽如人意。机器学习作为一种先进的技术，提供了改善预测准确性的可能性。近年来，机器学习技术被广泛应用于多种风险管理场景中，显示出强大的功能和潜力。机器学习技术与风险管理的应用如表8-1所示。

表8-1　机器学习技术与风险管理的应用

| 类型 | 常用算法 | 风险管理应用 |
| --- | --- | --- |
| 监督式学习 | 分类 | 欺诈检测<br>投资组合优化<br>信用评估和破产预测 |
| | 对数概率回归、决策树、BP神经网络、支持向量机、朴素贝叶斯、线性回归、非线性回归、逐步回归 | 波动率预测<br>敏感性分析<br>索赔模型<br>损失准备金<br>死亡率模型 |

续　表

| 类型 | 常用算法 | 风险管理应用 |
|---|---|---|
| 无监督学习 | 聚类 | 保险定价<br>敏感性分析<br>信用评估和破产预测 |
| | 异常检测 | 欺诈检测 |
| | 降维 | 保险承办<br>死亡率模型 |
| 强化学习 | 分类、回归、聚类、降维 | 投资组合优化 |
| 半监督学习 | | 敏感性分析 |
| 深度学习 | | 股市系统性风险预测 |

## 一、机器学习助力财务风险预警

机器学习技术在财务风险预警方面的卓越应用，激发了人们对其在此领域应用的浓厚兴趣。财务风险预警涉及对企业的日常运营状态和外部环境的监控，通过分析财务指标数据及借鉴历史风险经验来预测潜在的财务风险或危机，并探索企业潜在的问题，其核心功能在于信息的收集与预测以及维护经营活动的健康发展。在信息技术迅速发展的时代，财务风险预警面临的挑战日益增多，尤其是处理持续变化、分散且复杂的大数据环境。在这种环境下，单靠人工处理已难以满足财务风险预警的高效率和高精度要求。

机器学习技术，作为人工智能领域的重要成果，对大规模的财务及非财务信息进行高效的数据挖掘和分析，具备专业化的数据获取和可视化分析能力，能够有效支持财务风险预警的各个环节。机器学习技术应用于财务风险预警，可以大大提升数据处理的效率和精度，其不仅优化了数据分析流程，还增强了对潜在风险的预测能力，使得企业能够更早地识别风险并采取预防措施。随着机器学习技术的不断进步和优化，其在财务风险管理中的应用前景被广泛看好，预计将成为推动企业财务安全的关键技术。

## 二、财务风险预警中的机器学习技术

基于机器学习的财务风险预警流程如图 8-1 所示。首先根据预警需求筛选相关数据，接着进行数据采集，随后对这些数据执行预处理。处理完毕后，进入建模和预测阶段，并通过可视化方法展示预警结果，从而为企业管理层、投资者及债权人等提供重要的决策支持和风险控制参考。

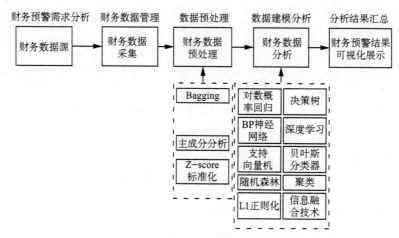

图 8-1　基于机器学习的财务风险预警流程

在利用机器学习技术进行财务风险预警的过程中，数据预处理、建模及数据成果的展示是关键环节，这些将是分析的重点。首先，关于数据预处理，此环节包括数据清洗、标准化、简化、集成及保护隐私等步骤。在这些环节中，机器学习技术起到了至关重要的作用。例如，对于缺失的数据，机器学习技术能够帮助确定并填充更适合的值。同时，在检测数据集中的异常值时，机器学习的聚类技术可以将相似数据聚集，从而识别出那些偏差较大的数据点。其次是数据建模环节，在这一环节中，财务数据通过使用机器学习构建的模型进行训练，以预测未来潜在的财务风险。在此过程中，BP 神经网络、深度学习及随机森林所构建的模型显示了较好的适应性和预测能力。下面将详细介绍这三种机器学习技术。

1.BP 神经网络

即反向传播算法，是一种常用的多层网络结构，包含输入层、隐层和输出层。在这种网络中，从输入层到隐层存在 $k \times q$ 个权重，从隐层到输出层有 $q \times m$ 个权重，此外还包括 $q$ 个隐层神经元的阈值和 $m$ 个输出层神经元的阈值。在使用过程中，首先将财务指标数据送入输入层神经元，数据随后向前传递至输出层生成结果，接着计算输出结果的误差，并将这些误差通过网络反向传播到隐层。通过多次迭代训练，当误差降低到一定水平后，输入用于测试的财务数据可以得到较为准确的预测结果。

2.深度学习

深度学习是机器学习中一种高级复杂的模型，通常体现为包含多个隐层的神经网络。这种模型通过增加网络的深度来提取数据的多层次特征，实现特征在不同层级的转换。深度学习特别适合处理数据中的复杂非线性关系。

在深度学习算法中，卷积神经网络是常见的一种，尤其在计算机视觉领域展现出显著的效果。卷积神经网络通过卷积滤波器提取数据中的局部不变特征，如从图像或时间序列中提取关键信息，并整合这些局部信息以寻求全局最优解，从而在财务数据处理上降低计算成本。此外，卷积神经网络能够学习数据的空间层次结构，这一点对于处理具有复杂层次的数据（如图像或视频）尤其有效。因此，相较于 BP 神经网络，卷积神经网络在处理大规模财务风险预警任务时更为合适，能够有效提升预警的准确性和效率。

3.随机森林

随机森林是一种组合分类模型，通过整合多个决策树并在其训练过程中采用自助采样法及随机属性选择，有效提升了模型的鲁棒性和预测准确性。这种方法在财务风险预警中尤为有效，因为它可以在构建模型前对属性变量的重要性进行评估，从而简化模型结构，降低实施成本。随机森林在财务预警领域的应用显示出了高精度预测和防止过拟合的能力，成为解决复杂财务预警问题的理想选择。

在数据分析和成果展示方面，这一环节主要为财务人员提供易于理解的可视化数据展示。通过运用机器学习中的数据挖掘和深度学习技术，企业可以将数据库中的信息转换为时间序列图、三维立体图、饼状图和折线图等多种形式的图表，使财务风险管理目标更加明确。这不仅帮助财务人员更好地理解财务指标和外部环境信息，还能有效指导他们确定风险管理的重点，从而提升整体的风险管理效率。

## 第二节　大数据时代企业财务风险管理体系的构建

财务风险管理是企业发展过程中的关键环节，直接影响着企业的成功与否。随着大数据时代的到来，企业不仅迎来了发展的新机遇，还面临前所未有的财务风险。因此，构建一个全面且可靠的财务风险管理体系，加强财务风险防控，是当前企业发展中需优先考虑的问题。本节讨论建立企业风险管理体系的重要性，并分析现有财务风险管理体系中的不足，同时提出改进企业财务风险管理体系的策略。

一个健全的财务风险管理体系是企业在面对各种风险时能够做出准确和迅速决策的保障。大数据时代对企业财务风险管理提出了更高的挑战和要求。如何在大数据背景下适应市场经济的新走向，如何应对市场经济发展的"新常态"，成为企业财务风险管理中需要紧密关注的问题。

因此，防范财务风险，强化企业风险管理体系，以及加强风险防控政策的执行，都显得尤为关键和紧迫。这些措施将为企业稳健发展提供坚实的支持，确保企业在不断变化的经济环境中保持竞争力和活力。

### （一）企业财务风险管理体系构建的重要性

建立一个全面的企业财务风险管理体系对企业的长期稳定发展具有多方面的重要意义。

第一，它能够为企业内部决策提供坚实的信息支撑。一个精确反映企业经营状况和盈利情况的财务风险管理体系，可以使管理者在了解到企业经营的实际情况后，做出更合理的经营决策。例如，通过分析员工的薪酬和绩效管理体系，管理者能够准确把握员工的工作效能和对企业的贡献，不仅有助于人事调动决策，还是高效企业管理的重要信息来源。

第二，随着大数据时代的到来，信息的快速流通为企业带来了前所未有的机遇和挑战。当今，各种可能影响企业发展的新因素层出不穷，构建一个能够有效应对这些挑战的财务风险管理体系变得尤为重要。财务风险管理体系能够加快企业对市场信息的收集和分析，提高决策的时效性和准确性，从而有效应对潜在的财务风险。

第三，一个健全的财务风险管理体系能够使企业更好地应对市场经济的不确定性。通过全面的风险评估和管理，企业可以提前识别和预防内外部可能的风险和挑战。有效的财务信息管理和风险预警机制不仅增强了企业的管理效率，而且提高了资金运作的监督和控制能力。企业不仅能在财务危机出现时迅速采取行动，还能通过有效的策略最小化风险和损失，保障企业资产的安全和企业价值的增长。

通过构建企业财务风险管理体系，企业可以在资金流动过程中进行有效监督，及时发现和处理可能的财务问题。此外，体系中的信息反馈机制还能帮助企业持续优化管理策略，使企业在复杂多变的市场环境中始终保持竞争力。

综合来看，一个完善的财务风险管理体系不仅对企业现有的经济活动具有重要的指导和支持作用，还有助于企业长远的稳健发展，为企业的未来开辟更广阔的发展空间。

### （二）大数据时代下企业财务风险管理体系构建的路径

第一，企业需要加大财务风险管理体系的实施力度，确保其在企业运营中的核心地位得到体现。这涉及将财务风险管理的原则和制度融入企业管理的各个层面，严格执行财务管理规定，对违规行为实施严厉的处罚，提升制度的权威性和执行效果。其次，企业应当广泛宣传财务风险管理体系的重要性和必要性，让每一位员工都理解并重视这一体系，确保全员能够自觉遵守相关规定，主动参与风险管理活动。这种普及教育有助于形成一种企业文化，使每个人都成为财务风险管理的积极参与者和守护者。最后，企业的管理层必须深刻认识到财务风险管理体系在推动企业持续发展中的战略作用。管理层应积极推动这一体系的构建和完善，使其适应大数据时代的市场需求，充分发挥其在预测、防控和处理财务风险中的关键功能。

第二，在大数据时代，企业要融合先进管理模式，以适应企业的具体需求和不同发展阶段。通过引进先进的管理模式，企业可以大幅提高自身的财务管理能力，从而更有效地应对和管理各种财务风险。为了保证财务风险管理的有效性，建立一个全面的监督机制是至关重要的。这一机制应包括强大的内部和外部监督系统，以确保财务管理的透明度和公正性。内部监督依赖于财务信息的公开和透明，使企业员工及其他部门可以实时了解并监控财务活动，而外部监督则依靠审计机构定期对企业的财务状况进行审查，这不仅有助于及时发现并纠正运营中的问题，还有助于塑造企业在公众心中的良好形象和信誉。整合这样的内部与外部监督系统，可以确保企业在各方面都能得到有效的风险管理和控制，从而在面对市场经济中的变化和挑战时，能够基于科学的决策和健全的风险评估体系做出反应。

第三，构建一个健全的企业财务风险管理体系并完善内部监督机制。为了有效应对市场经济的快速发展及国家经济转型期间可能遇到的各种挑战，企业亟须培养一支高素质的财务管理人才队伍。高素质的财务管理团队是企业适应和引领市场变革的关键，他们不仅需要具备扎实的专业知识，更要有能力运用大数据技术来优化财务决策过程。在这样的团队推动下，企业能够更加精准地评估风险，制定有效的应对策略，从而保障企业财务健康，增强企业的市场竞争力。此外，随着经济全球化和市场经济的深入发展，对财务人员的要求也在不断提高。他们不仅要能够理解和分析复杂的财务数据，还应能够预见和应对复杂的市场变化。因此，投入资源培养具备财务管理能力的人才，对于企业长远发展至关重要。

## 第三节　区块链技术在企业财务管理与控制中的应用

在当今大数据时代，审计领域面临的数据特性经历了显著的变革，表现为数据量的激增、多样性、异构性，以及数据处理速度的提升和价值密度的降低。这些变化带来了前所未有的机会，同时引发了诸多挑战，特别是在数据存储的安全性和可靠性方面。与传统的纸质存储方式不同，电子数据易于被无痕修改，哪怕留下修改痕迹，由于网络与现实世界的分离，追溯篡改的源头也非常困难。此外，电子数据还容易受到黑客的攻击，可能导致无法挽回的损失。在这样的背景下，区块链技术以透明度高、安全性强、数据不可变性及可追溯性等特点，成为应对审计数据风险的有效工具。区块链技术在大数据审计中的应用，显著提高了审计数据的安全性和可靠性，预示着审计技术方法的一次革命性变革。

在分析区块链对审计技术方法的影响之前，首先应考虑其对审计目标的影响。区块链技术不仅能改变审计目标，还会促使审计计划和技术方法做适应性调整。为深入理解这一点，本节将从区块链如何影响审计目标开始，进一步探讨这种影响如何推动审计计划及方法的转型。

## 一、区块链技术与审计目标

在大数据时代，区块链技术对审计目标的影响日益显著。区块链技术的引入意味着可以从根本上改变审计方法。传统的审计抽样等手段可能被全面审计技术所取代，因为区块链提供了一种机制，确保每笔交易和财务活动都被准确记录和验证，无须审计人员再去单独核实每项审计证据的真实性。因此，财务审计的目标转变为确保信息系统，特别是区块链系统的有效运行，从而间接保证了财务报表的真实性和规范性。此外，区块链技术的不变性和透明性特点，使得审计工作可以更加侧重于系统的监控和风险管理，而非单一的数据验证。这种技术的应用既提高了审计效率，也增强了审计结果的可信度，推动了审计职能从传统的记录和验证转向战略性的风险评估和管理角色。

## 二、区块链技术与审计计划

区块链技术的融入既改变了审计策略，也重新定义了具体的审计计划。在审计策略方面，IT 审计人员如今更加注重如何部署和访问区块链源代码、设置相关参数的时间安排以及沟通的方式和效率。初步评估区块链的配置和部署的有效性变得至关重要，这一点与传统的重要性水平确定、审计范围和策略的制定，以及审计人员配置等方面的调整形成鲜明对比。

在具体的审计计划中，随着区块链技术的应用，审计程序和技术方法也经历了显著的变革。IT 审计人员不再需要花费大量时间来验证审计证据的可靠性，因为区块链的不变性和透明性大大降低了数据篡改的风险。这意味着传统的签证性审计工作正在迅速减少。例如，依赖手动操作的函证审计方法正在逐步被自动化的审计测试所取代。同时，大数据分析程序在审计中的应用日益增多，审计测试趋向自动化和智能化。为了适应这些变革，审计团队需要配备更多具备高技术能力的IT审计人员及新型专业人才，如数据分析师、数据科学家乃至统计学家。这些专业人才将使用先进的数据分析技术和统计方法来处理和解析大量数据，从而提升审计的效率和精度。随着审计活动越来越依赖高级技术，传统的审计方法正在被新型、更高效的技术所取代。

## 三、区块链技术与审计技术方法

在探讨区块链技术对审计方法的影响之前，需要明确一点：尽管区块链技术大大推动了审计方法的创新，但并不能替代审计人员的专业判断。因此，笔者反对那种认为区块链将完全替代审计人员，财务审计将会消亡的观点。然而，不可否认的是，区块链技术对传统审计技术方法带来的变革是深远的，其影响的广度和深度可与互联网技术引发的行业变革相媲美。下面，将从几个关键方面进行初步的分析和探讨。

### （一）评价区块链有效性

随着技术的进步，财务审计的重点将从传统的核实财务报表的公允性的繁重签证性工作，转变为更专业化的区块链源代码的审查。具体而言，对联盟链和私有链等不同类型的区块链源代码设置和部署的有效性进行审查，将成为IT审计人员的主要职责。随着这种转变，审计技术方法也将经历根本的变革。原本侧重于检查资料和文件、询问财务人员以及进行细节性的穿行测试的方法，将被更新为更加侧重技术的审查流程，特别是在对区块链技术的设置和部署进行评估方面。这不仅要求审计人员具备更高的IT技能，还需引入如数据科学家和系统分析师等新的专业人员来支持这一变革。同时，还需建立更规范的工作流程和技术软件支持，以确保区块链技术的审查既系统又高效。

## （二）审计测试自动化

区块链技术，作为一种分布式交易数据库，通过一致性算法精确记录交易和详细信息（如日期、地点、金额及其他相关数据），并在网络中快速而广泛地传播。每笔交易和信息记录都可以通过一串字符进行识别，且在网络中每个节点上有相同的备份。这种结构不仅减少了服务器的高额成本和维护费用，更关键的是它确保了数据的完整性和安全性。这些特性使得审计测试的自动化成为可能，显著提高了审计的效率和效果。通过区块链技术，审计人员可以实时访问被审计方和其他参与者的数据。这些数据因较高的可靠性和透明度，无须第三方认证即可验证，具备良好的追溯性。这意味着一些传统审计方法，如用顺查法和逆查法来验证审计证据的完整性和真实性，以及重新计算等可能不再必要。交易的可追踪性和持续的监控能力确保了这些任务自动完成，简化了许多无须特殊专业知识的审计任务。尽管如此，区块链技术并不意味着传统审计技术方法的完全废弃。审计工作的侧重点可能会转向更需要专业判断的领域，如公允价值分析、资产减值损失分析、投资风险评估和合理性分析等。这些复杂的任务要求审计人员不仅具备高级的职业技能，还需要深入理解财务和业务的各个方面。

## （三）第三方函证消失

在传统审计实践中，向第三方单位发送函证是一种核心的审计方法，这一过程在收集审计证据方面有重要意义。审计人员通常依赖于通过第三方函证获得的信息来形成他们的审计意见，然而，不准确的回函有时会给发表合适的审计意见带来重大风险。随着区块链技术的引入，传统的第三方函证方法可能会逐渐淡出审计流程。区块链技术的高可靠性和无须第三方认证的特点，以及其去中心化的本质，使得信息来源具有高度的追踪性和不可篡改性。

在区块链环境下，企业购买物品（如水果）的全过程（从农场到消费者）可以被记录下来。包括从生产、物流、政府监管、专业监测到企业的质量检测和纳税信息等。这些数据在区块链上被各个节点相互验证，确保了信息的真实性和完整性。因此，通过区块链获得的全流程数据，由于其透明性和一致性，往往比传统第三方函证获取的数据更可靠，具有更强的验证力。区块链技术的应用不仅增强了审计证据的可信度，还减少了对第三方验证的依赖，这对审计实践是一次重大变革。在区块链技术被广泛应用的背景下，审计工作的重点可能会从验证单一交易的真实性转变为评估整个信息系统的有效性。区块链技术的广泛采用将有助于提高审计的效率，减少人为错误，同时，审计职能可能会更多地集中于分析和评估复杂的财务数据和交易背后的系统和流程，而非单纯的数据核实。这标志着审计方法从传统的手段向更加现代、技术驱动的方向发展。

### （四）全面实时审计

在大数据的背景下，审计领域正经历着显著的变革。传统的抽样测试方法逐渐让位于全面实时审计，这一转变得益于大数据技术和区块链的发展。大数据的 IT 工具允许审计人员对大量的审计证据进行实时检查，而不仅仅是依靠传统的样本抽样测试。这种方法有效地打破了传统审计的局限性，提供了更广泛和深入的审计覆盖。区块链技术的引入进一步保障了审计数据的真实性和可靠性，审计人员可以确保审计过程中使用的数据未被篡改，且易于追踪，从而增强了审计结果的有效性。此外，区块链使得审计活动不再受时间和地点的约束，审计人员可以不必直接与被审计单位面对面交流，而是直接从区块链上获取所需的信息，实现实时的审计操作。此外，传统的财务审计通常是过去导向的，主要关注于验证被审计单位的财务报表是否按照适用的财务报告基础编制，以确保在审计期间能够发表正确的审计意见。然而，大数据和区块链技术的应用不仅使得审计可以持续进行，还提供了前瞻性分析的能力，使审计不局限于解决过去的事项，更能提供战略性的见解。

随着这些技术的融合和应用，审计工作变得更为灵活和高效。审计人员可以更加便捷地访问和分析数据，使传统的审计方法如资料审查、现场观察和询问等变得更加高效。

### （五）大数据分析程序

在传统审计实践中，分析程序是审计过程的关键组成部分，特别是在审核财务报表、评估审计风险及监控风险处理措施时至关重要。这些程序旨在识别财务报表中可能的重大错报风险。然而，随着大数据和区块链技术的引入，审计中的分析程序经历了深刻的变化，这种变化主要体现在以下几个方面。

（1）在大数据和区块链技术环境下，审计的分析程序得到了显著的扩展和深化，特别是在全程监控和分析的实施方面。这些分析程序分为三个环节：事前防控、事中控制和事后审查。

事前防控主要集中于评估和预控企业的区块链设置和部署。审计人员利用行业内的全局数据进行对比分析，从而对本企业的区块链设置进行预评，预测可能的缺陷和风险。这一过程有助于提前识别潜在问题，为企业的区块链实施提供科学的决策支持。

事中控制则着重于运用规则模型来监控数据。通过建立规则建模，审计人员能够有效监控和控制异动数据，即那些虽然真实但不符合预设规律的数据，如成本或管理费用的异常变动。这既帮助管理层提高经营效率，也属于内部审计的范畴，通过分析和关联验证提供战略性建议。

事后审查是通过运用大数据分析程序，强调数据的整体性和相关性，通过综合运用多个相关风险标签，有效识别和处理异动数据，寻找数据间的异常行为。这种方法比传统的数据分析程序更为复杂和深入，能够从更广泛的角度审视数据间复杂的相互关系，从而更准确地揭示潜在的风险和问题。事后审查的范畴扩展到了对区块链源代码的深入审核，通过评估源代码中的缺失和冗余部分，提出相应的优化建议。

（2）在实施大数据分析程序的过程中，区块链中数据转化的问题也是一个需要关注的重要方面。由于来自不同系统的后台数据形式存在差异，这些数据不能直接用于审计分析。赖丽珍提出了数据采集转化和数据存储管理的策略，这些策略为处理区块链中的非结构化数据转化和存储提供了有效的方法。[①] 这不仅确保了数据的可分析性，而且为大数据分析提供了必要的基础数据。这些措施确保数据在分析前能够被适当地标准化和整理，从而提高了数据处理的效率和审计分析的准确性。

## 四、区块链技术与财务活动

### （一）区块链技术对财务管理中价格和利率的影响

在基于因特网的交易环境中，商品和服务的支付方式趋向数字化和虚拟化，网上的商品信息传播特征为公开、透明且无地域限制。这种情形消除了传统商品市场中的信息不对称现象，使得高质量产品的价格更加透明。因此，在财务管理中，使用的价格和利率分析要素与以往有所不同；同时，边际贡献和成本行为也发生了变化。这些变化要求财务管理策略和方法要进行适应性调整，以更好地反映和利用当前的市场条件。

### （二）区块链技术导致财务关系发生变化

在现代商业运作中，财务关系体现为企业间及其内部的经济互动。这种关系依赖于资金流动，而区块链技术通过应用分布式数据库和先进的密码学，重新定义了这种经济互动的方式。区块链促使企业之间以及

---

① 赖丽珍.大数据背景下云审计平台系统的构建[J].财务与会计，2017（3）：43-45.

企业内部各部门之间的联系更加紧密，实现了大规模的协作，并带来了更为复杂的财务结构。在这种新的结构下，资金流动不再单纯依赖实体货币，而是转向电子货币的形式。这意味着传统的支付方式正逐步被数据和区块链技术所取代，不仅改变了资金交换的媒介，还简化了许多地区性的经济联系，使财务关系更多地体现为数据间的直接交互。

### （三）区块链技术提高财务工作效率

1. 直接投资与融资更方便

随着区块链技术的出现，互联网金融领域实现了显著进步。在传统财务模式中，筹资活动常常涉及高昂的成本和金融中介，如银行的参与。然而，区块链技术的推广使得点对点融资成为可能。利用这项技术，用户仅需下载相应的区块链网络客户端即可直接进行交易和结算，覆盖投资理财和企业资金流通等多个方面。这种模式不仅缩短了交易和融资所需的时间——从数天或数周减少到几分钟或几秒钟，还增强了交易的透明度和安全性，使得投资回报和支付效率的记录更为即时和精确。

2. 交易磋商效率提高

在传统商务模式中，交易磋商通常需要通过面对面的沟通来协商价格、交易时间和交货方式等细节，最终形成书面合同。区块链技术的应用改变了这一流程。在互联网环境下，借助区块链确保信息的真实性和安全性，实时视频磋商和电子合同传输成为可能。区块链验证合同的有效性，不仅加快了财务业务执行的速度，还提高了整个交易流程的效率和可靠性。

### （四）区块链技术对财务成本的影响

1. 减少交易环节，节省交易成本

通过引入区块链技术，电子商务的交易过程被大大简化，实现了从买方到卖方的点对点直接结算。这种模式允许交易数据与企业资源计划财务软件进行无缝对接，确保了电子商务交易和财务数据能够即时更新，实时反映经营活动的财务影响。利用区块链，资金转移不再需要通过银行等传统金融中介，直接在交易双方之间进行。这种改变不仅解决了双向支付的延时问题，还在跨境交易中显著降低了因货币兑换和国际转账而产生的佣金与手续费。例如，传统的跨境支付需要几天甚至更长时间来处理，而区块链技术能够实时完成这些操作，大大提高了资金使用的时效性和经济性。这种直接的交易方式省去了多个中介环节，如第三方支付处理商和金融服务提供商，从而节省了交易成本。

2.信息获取成本显著降低

随着互联网的普及，人们越来越多地利用网络进行商务活动，开创了新的商业模式。商家可以轻松地通过网络获得必要的商品信息。区块链技术在这方面发挥了重要作用，它通过跟踪网络节点来监控独立的商业活动，不仅有助于企业发现潜在的投资者，推动企业重组，还能为企业资金寻找新的投资渠道，从而增加投资回报。区块链技术的应用降低了在庞大的网络数据中寻找和验证财务信息的成本，增强了信息的可靠性和实时性，对企业决策的支持作用日益明显。

3.信用维护成本降低

在当今的商业环境中，无数企业的财务数据在网络上进行交换，维护这些数据的信用成本较高。区块链技术通过构建一个去中心化的信用跟踪机制，有效地减少了这些协调和建立信任的成本。通过区块链技术，人们可以检查企业的交易记录、声誉评分及其他相关的社会经济因素的可靠性。此外，交易双方可以通过在线数据库查询对方的财务状况，以此验证其身份。这种机制既提高了交易的透明度，也显著降低了企业间维持信用的成本，使商业交易更为高效与安全。

4.降低财务工作的工序作业成本

在企业财务管理中，传统的核算和监督流程包含多个成本密集型的工序，为确保财务信息的准确性和真实性，企业需要引进区块链技术。区块链技术的去中心化特性能有效减少必须执行的财务工序的数量，从而缩短每个工序所需的时间。区块链提供了一个安全且透明的环境，确保各项财务任务能够高效且高质量地完成。通过简化工序，企业能够在总体上显著降低工序作业的成本，既优化了财务操作的流程，也提高了整个财务管理系统的效率。

# 参考文献

[1] 蔡维灿，林克明，巫圣义，等 . 财务管理 [M]. 北京：北京理工大学出版社，2020.

[2] 曹宇波 . 大数据时代下的企业财务风险管理研究 [M]. 北京：北京工业大学出版社，2020.

[3] 陈冰玉，张艳平，祝群 . 内部控制 [M]. 济南：山东大学出版社，2019.

[4] 冯春阳，张舒，虎倩 . 企业内部控制 [M]. 武汉：华中科技大学出版社，2022.

[5] 韩静 . 企业战略并购财务风险管理研究 [M]. 南京：东南大学出版社，2012.

[6] 匡祥琳 . 企业财务风险管理与内部控制研究 [M]. 北京：中国原子能出版社，2021.

[7] 李宝琰 . 财务管理与内部控制 [M]. 北京：经济日报出版社，2022.

[8] 李丽华 . 企业经营管理与财务风险控制 [M]. 北京：中华工商联合出版社，2024.

[9] 李艳华 . 大数据信息时代企业财务风险管理与内部控制研究 [M]. 长春：吉林人民出版社，2019.

[10] 李永梅，李辉，齐春霞 . 财务管理与内部控制优化研究 [M]. 哈尔滨：哈尔滨出版社，2023.

[11] 林泉，吴黎，田海峰．企业财务管理与风险控制 [M].长沙：湖南大学出版社，2023.

[12] 麻东锋，朱友君．新时期企业集团财务管理与风险控制研究 [M].北京：北京工业大学出版社，2018.

[13] 盛立军，宣胜瑾．企业内部控制实务 [M].北京：北京理工大学出版社，2022.

[14] 陶燕贞，李芸屹．财务管理与会计内部控制研究 [M].长春：吉林人民出版社，2021.

[15] 王凌智，张颖萍．内部控制与风险管理 [M].天津：天津大学出版社，2023.

[16] 王婉婷．中小企业财务风险防范研究 [M].北京：经济日报出版社，2020.

[17] 闻佳凤，仲怀公．现代企业内部控制学 [M].北京：北京理工大学出版社，2019.

[18] 徐礼礼，谢富生，胡煜中．基于大数据的、内部控制 [M].上海：立信会计出版社，2021.

[19] 张书玲，肖顺松，冯燕梁．现代财务管理与审计 [M].天津：天津科学技术出版社，2021.

[20] 周玮，苏妍．企业风险管理：从资本经营到获取利润 [M].北京：机械工业出版社，2020.

[21] 毕晓明．企业财务风险管理与控制策略 [J].中国集体经济，2024（8）：153-156.

[22] 蔡青．论信息时代企业财务管理的内部控制制度 [J].商场现代化，2010（20）：120-121.

[23] 查向宏．企业财务管理与财务管理风险控制探讨 [J].财经界，2024（6）：129-131.

[24] 陈桔．内部控制视角的企业财务风险管理 [J].活力，2024，42（11）：91-93.

[25] 邓永梅．基于风险管理的企业财务内部控制体系建设 [J].今日财富，

2024（24）：146-148.

[26] 冯辉.大数据时代下电网企业财务管理的创新对策[J].财讯，2023（24）：171-173.

[27] 冯敏.企业财务风险评估与控制研究[J].老字号品牌营销，2024（12）：85-87.

[28] 顾秀凤.企业财务资金管理与风险控制对策探究[J].金融客，2024（5）：46-48.

[29] 郭华.大数据背景下企业财务风险的防范及控制[J].纳税，2023，17（6）：28-30.

[30] 郭江文.信息时代企业财务管理的内部控制制度[J].商场现代化，2011（23）：105.

[31] 胡莺.基于数字化赋能的企业财务风险管理与内部控制研究[J].中国市场，2024（24）：147-150.

[32] 雷丽.企业财务战略风险与控制路径研究[J].现代营销（上旬刊），2024（7）：19-21.

[33] 李红蓓.信息时代企业财务管理内部控制制度研究[J].中国城市经济，2011（26）：153.

[34] 李俊霞.企业财务合规中的内部控制和风险管理[J].财经界，2024（12）：111-113.

[35] 李跃.信息时代企业财务管理内部控制制度研究[J].现代商业，2013（15）：146.

[36] 凌勇.企业财务管理工作的新重点及应拓宽的新领域[J].纳税，2024，18（18）：103-105.

[37] 刘芳.大数据背景下企业财务风险的防范及控制措施[J].中国物流与采购，2024（10）：81-82.

[38] 刘峰.论信息时代企业财务管理的内部控制制度改革创新[J].现代经济信息，2011（6）：128-129.

[39] 刘平伟.企业财务管理内部控制建设与风险防范[J].财富时代，2024（2）：124-126.

[40] 马悦.企业会计财务管理原则与内部控制策略研究 [J].中外企业文化，2024（6）：95-97.

[41] 申海燕.国有企业财务风险管理策略研究 [J].市场瞭望，2024（13）：140-142.

[42] 石佳璐.企业财务管理中的风险控制与应对策略研究 [J].商业2.0，2024（8）：93-95.

[43] 孙文素.新形势下企业财务风险控制路径探索 [J].商讯，2024（11）：41-44.

[44] 唐一平.财务共享服务中心的风险管理与防范措施 [J].老字号品牌营销，2024（14）：39-41.

[45] 王程军.刍议大数据时代企业财务风险管理应对之策 [J].中国物流与采购，2023（6）：61-62.

[46] 王丹丹.内部控制体系对企业财务管理的影响研究 [J].中国市场，2024（18）：174-177.

[47] 王琪.大数据背景下企业财务管理创新的策略研究 [J].老字号品牌营销，2023（23）：95-97.

[48] 王瑞锋.企业财务风险控制的优化研究 [J].财会学习，2024（17）：43-45.

[49] 王瑞华.企业财务管理中的风险防范及控制分析 [J].现代商业研究，2024（4）：110-112.

[50] 王姝蘅.大数据视角下企业内部控制与财务风险管理关系分析 [J].中国管理信息化，2022，25（5）：91-94.

[51] 王雅婷.基于内部控制视角的企业财务风险管理对策研究 [J].财会学习，2024（19）：152-154.

[52] 王艳.基于大数据时代的企业财务风险防范及控制探讨 [J].当代会计，2021（1）：75-76.

[53] 颜海柱.信息时代下企业财务管理内部控制制度 [J].现代商贸工业，2017（12）：94-95.

[54] 杨延英.大数据背景下企业财务共享风险的控制 [J].纳税，2023，17

（20）：94-96.

[55] 尹崇梅. 企业财务内部控制与风险管理的融合 [J]. 纳税，2024，18（17）：1-3.

[56] 余丽芳. 企业财务内部控制策略研究 [J]. 现代营销（上旬刊），2024（6）：76-78.

[57] 昝智. 企业内部控制在财务风险管理中的应用 [J]. 今日财富，2024（13）：56-58.

[58] 张东艳. 企业财务管理信息化策略探讨 [J]. 乡镇企业导报，2024（15）：99-101.

[59] 张倩. 企业财务风险管理与控制策略微探 [J]. 商场现代化，2023（13）：183-185.

[60] 张长珊. 企业财务风险及其控制对策研究 [J]. 现代商业研究，2024（7）：116-118.

[61] 赵丹桂. 企业财务风险管理与内部控制案例分析 [J]. 宁波经济（财经视点），2024（7）：59-60.

[62] 朱晓悦. 新时代企业财务的管理与风险控制 [J]. 商场现代化，2022（7）：171-173.